こころを考える臨床実践

事例で学ぶ
アセスメントとマネジメント

藤山直樹　中村留貴子　監修
湊真季子　岩倉拓　小尻与志乃　菊池恭子　著

岩崎学術出版社

監修者まえがき

　本書は，精神分析的心理療法におけるアセスメントの大切さと，その具体的な方法について，臨床の実際に即して論じることを主な目的としています。

　数年前に本書の企画について西臨セミナーを主催する中堅の精鋭たち（湊真季子，岩倉拓，小尻与志乃，菊池恭子）から相談を受けました。その内容はとても臨床的かつ実践的で，多くの臨床家にとって有益だろうと思いましたので，企画に賛成しました。彼らとはこの数年，別の会で定期的に精神分析的心理療法についての事例検討会を行っているご縁によるご提案だったと思います。その時の話し合いでは，私は拙論を書かせてもらえればそれでいいという程度の理解でしたが，若い人たちのこのような意欲的な取り組みについてはできる限り応援させてもらいたいと常々思っていますので，監修もお引き受けすることにしました。

　彼らもあとがきに述べていますが，そもそもの企画の発端は，彼らが開催している能動的アセスメントセミナーにおいて，若い心理臨床家たちが報告する事例が実に多様で，いろいろな角度からの理解が求められることも度々あり，しかしそのどのような場合においても，精神分析的な認識と理解に立ち返ることによって，さらに重層的な観察や理解が可能になり，精神分析的アプローチの可能性も見えてくるという経験から始まったように聞き及んでいます。この種の経験は多くの臨床家が共有するところではありますが，そのわくわくするような経験を少しでも多くの人たちと共有することができたらという願いでした。

　しかし，事例の概要と議論を細かくリアルに記載することには難しさが伴いますので，彼らは膨大な時間を割いて検討と議論を積み重ねてきまし

た。その成果は事例の記載に現れていると思います。彼らのエネルギッシュで真摯な態度には敬意を表したいと思います。とりわけ，どのような状況下であっても関係性の中でものごとを見ていくこと，そこにこそ私たちが求めている手応えと手がかりが生まれるという視点を読者にも受け止めたいただくことができれば幸いと思います。

　本書にご協力をいただきましたすべての先生方に心から感謝を申し上げます。そして，次世代の彼らのますますの活躍に期待し，楽しみにしています。

中村　留貴子

はじめに

　心理臨床とは，自らのこころを使って人のこころを考える営みです。この本は，今，まさに目の前の現場で起こっていることを，どうとらえ，どうしていくかを考える実践の書です。

　心理士が活躍する場は年々増えています。どのような職場でどのような形でクライエントと出会っても，私たちは心理士としてその場で何らかの対応を求められます。話に耳を傾け，面接を重ねるだけではなく，1回，もしくは数回のかかわりの中で，考えや方針を自分なりにまとめ，依頼主やクライエントに提示する必要もあるでしょう。

　さて，本書は，西臨セミナー『能動的アセスメントとマネージメント～信頼される心理士になるために～』という初心者を対象としたトレーニンググループから発想を得ています。このグループでは，心理士が働く環境や職場のニーズにも目を向けながら，クライエントとの出会いと始まりの数回を，2人のスーパーヴァイザーで検討してきました。

　そのグループのライブ感を紙上で再現しようというのが，本書の第1部〈事例編〉です。事例は，心療内科クリニック，中学校，児童養護施設，精神科病院という4つの現場で，2～5年目の初心の心理士が出会ったケースです。

　各章の最初に，それぞれの章で描かれる臨床現場での課題を「この章のねらい」としてまとめています。これは事例が始まる前のこころがまえと思ってください。次に事例を提示しています。2人のスーパーヴァイザーがコメントし，発表者とディスカッションをしながらケース理解を深めていきます。事例の後には，「ケースの解説」をつけました。心理臨床にただひとつの正解はありませんが，筆者たちのひとつの考えを提示しました。

読者の皆さんは，発表者やグループのメンバーになったつもりで読んでみられるとよいでしょう。その際，自分なりに考えた見立てとケースの解説をすり合せてみてもよいですし，あるいは解説を先に読んで事例と照らし合わせてみてもよいでしょう。そして，最後に各現場で働く際の指針となればと「この章のまとめ」を付けました。

各ケースの関わりを通して新たな発見や気付きを得ることができ，自分なりに「誰に」「何」を「どう伝えるか」考えられるようになれば，と思います。

ディスカッションの横には注釈を付けました。これは，何が検討されているか，話されていることのポイントは何かの解説です。第2部の理論編と対応している箇所がありますので，理論編でどのように説明されているか，あわせて学ぶのもよいでしょう。

第2部〈理論編〉では，3人の著者がそれぞれの視点で力動的アセスメントとマネジメントについて記しています。岩倉は，個人心理療法が始まる前を0期と規定し，その仕事について触れています。0期に光を当てることで，普段の臨床実践がより意味があるものとして考えられるでしょう。湊は，クライエントや集団との最初の出会いにわれわれが何を見，感じているのか，それをどうアセスメントにつなげていくのかという精緻な視点を提供しています。中村は，日本の精神分析的心理療法を語る上で必須の治療構造論に触れています。治療構造論的理解は，精神分析的な心理臨床の認識の準拠枠として機能しており，われわれが日々の臨床で常に立ち返る土台となるものです。

最後に，監修者として，藤山は精神分析家の視点から精神分析を学ぼうとする者が精神分析的自己を内在化することについて触れています。

この本は，グループの参加メンバーと共に学んだ多くのことから成り立っています。ただし，事例は筆者たちが創作したものです。特定の個人や団体を表しているものではありません。事例のすべての文責は湊，岩倉，小尻，菊池の4人の筆者にあります。

目　次

監修者まえがき ……………………………… 中村留貴子　iii
はじめに　v

第1部　事例編

1　心療内科クリニック内カウンセリングルームでのケース
　　事例発表者：20代半ば，臨床歴2年の女性臨床心理士　　3

2　スクールカウンセラーのケース
　　事例発表者：20代半ば，臨床歴3年の女性臨床心理士　　25

3　児童養護施設のケース
　　事例発表者：20代後半，臨床歴2年の男性臨床心理士　　47

4　精神科病院のケース
　　事例発表者：20代後半，入職2年目の男性臨床心理士　　68

第2部　理論編

1　心理臨床における精神分析的実践
　　――治療0期の「耕し」と「治水」 ……………… 岩倉　拓　91

2　出会いの体験とそのアセスメント …………… 湊真季子　108

3　精神分析的心理療法と治療構造論的理解 …… 中村留貴子　124

精神分析とマネジメント――監修者として …………… 藤山直樹　139
おわりに　153

コラム―初心の臨床家に伝えたいこと，そしてお薦めの1冊

1 所詮人のやること，されど訓練は嘘をつかない　　狩野力八郎　23

2 まずどういうところに着眼するか　　成田善弘　45

3 アセスメントを通じた「見立て」の意義　　平井正三　66

4 毎回の心理療法面接はアセスメントでもある　　松木邦裕　87

5 推理力を養うこと　　乾　吉佑　106

第1部

事例編

1
心療内科クリニック内
カウンセリングルームでのケース

事例発表者：20代半ば，臨床歴2年の女性臨床心理士

●この章のねらい

　心理士の職場として，精神科・心療内科クリニック，あるいはその付属のカウンセリングルームがあります。こうした臨床現場では，クライエントのモチベーションが十分でなかったり，治療目標が定かでないまま，医師から心理療法を依頼されることがよくあります。私たちは，クライエントとの間で面接をどのように位置づけ，セットアップしていけばよいでしょうか？　そして，自分の考えをどのようにクライエントや主治医にフィードバックし，協働関係を作り上げていけばよいのでしょうか？　この章ではそれらを具体的に考えていきます。

ケースについて

　クライエント：Aさん　29歳男性　電機メーカー　営業職
　主　訴：朝，気分が悪く出勤できず会社を休んでしまう。
　　　　　1年前，産業医の勧めでクリニックを受診後「うつ状態」との診断で休職。半年後，復職を試みるが再び体調を崩し2週間で再休職となった。2回目の休職2カ月目，主治医の勧めでカウンセリングに導入された。主治医からのカウンセリング依頼書には，「上司との関係で受け止め方がネガティブすぎる。そのあたりの修正」と書かれていた。
　臨床像：背が高く，今どきの服装と髪型をしている。
　投　薬：抗うつ剤，抗不安薬，睡眠導入剤
　設　定：50分　90度対面法，面接料　有料

●ディスカッション

湊（以下Mとする）：今回このケースを出そうと思ったのはどうしてですか？

発表者：主治医からカウンセリングの依頼があったのですが，実際会ってみると本人はやる気があるかどうかよくわからず，どうしていったらいいのかと思い，自分の対応でよかったのか，今後どうしていけばいいのか検討していただきたいです。

岩倉（以下Ｉとする）：主治医はどんな方で，このクリニックのシステムはどうなっているんですか？ ◀職場のアセスメントをしています。

発表者：主治医はあまり心理療法には干渉しない先生です。心理療法は診察を経て先生の判断で導入され，絶対ではないですが，継続面接をすることが前提になっています。

Ｉ：心理療法そのものというより，話を聞いてほしいとか，薬物療法のみでは難しいのでなんとかしてほしい，などという主治医のニーズがあるかもしれないですね。

M：主治医だけがカウンセリングをするかしないかを判断するのか，心理士も判断ができるのかできないのかで違いますよね。クリニックでは主治医自身が心理士に期待すること，クライエントが医師や心理士に期待すること，心理士の考え，この3つが一致しないことが多いので，そうした不一致の中でクライエントとの関わりが展開していくということを意識に留めておくとよいと思います。 ◀医師，クライエント，心理士それぞれが期待することやニーズの不一致や混在があることに触れています。

Ｉ：うん，期待することの不一致はあるけれど，難しいのは，医師とクライエントのニーズが重なりあっていることですよね。それを整理して，クライエントのカウンセリングへのモチベーションを確認し，場合によ

ってはそれを育てるという視点が必要になりますね。さらに力動的に考えれば，医師のニーズは，クライエントの投影されたニーズや期待の一部かもしれない。それから，もしかすると上司との折り合いの悪さは，医師との関係でも生じているのかもしれない，などと仮説的に読んでいけそうですね。

M：このケースを依頼されて，あなたはどのように感じましたか？

発表者：そうですね，正直言うとこちらに投げられたようなプレッシャーを感じました。「そのあたりの修正」と言われても曖昧だなと困りました。

◀集団（職場）が治療者に向ける投影を吟味しています。→2-2 p113

I：誰が"修正"したいのか，ということですよね。Aさん自身もそこに問題意識があるのか？ あるいは主治医から何らかの説明が彼にあってカウンセリングに来ているのか，それとも何の説明もなく来ているのか，そこを見極めたいと思いますね。それで今後の展開が違う。復職後2週間で休職になってしまっているということですから，主治医としては治療に行き詰まりを感じていて，カウンセリングを求めたという動きも推察できますね。そういった意味で主治医との関係が大事だと思いますが，どういうやりとりや工夫をしていますか？

◀相談主体の見極め→2-1 p103

発表者：先生はお忙しいし，あまり心理療法には干渉してこないので声をかけにくいです。カルテに数行書くくらいでしょうか。

I：できればカルテのみでなく，主治医と直に話すといいですよね。そうすると本音が飛び出すことも多い。

M：主治医が話し合い好きな人ならば，直接話すことがよいだろうし，直接話すことが苦手そうな人ならば，メールやメモなどで伝えるなど，コミュニケーションの

取り方を工夫することも私たち心理士の仕事ですよね。

発表者：考えてみれば，忙しいけれど，頼って意見を聞くと教えてくれることがあります。むしろ，忙しいからと気を使っていたのは私の方かもしれません。

Ｉ：主治医にも困り感があるはずだから，それも含めて，初めの１，２回で話をして，ニーズをお互いに共有することで，今後連携しやすくなる。そうやって絶えず職場を耕しておく視点を忘れないとよいでしょう。

発表者：一人でやらなくてはいけないと思っていたけれど，頼む・頼まれるという関係ではなく，いろいろと共有して連携すればいいんだなと思いました。

Ｉ：それでは初回面接を聞いてみましょうか。

◀治療関係を取り巻く周囲のスタッフのアセスメントをし，連携の取り方に配慮をしていく場の耕しについて話しています。
→ 2-1 p98

■初回面接　20XX年Y月10日
　私はまず自己紹介をして，50分間の面接であることを伝えた後，〈今日は初回ですので，どんなことで困っていらしたのかをうかがい，今後どうするのがよいか考えていきたいと思います〉と伝えた。
　続けて来談の動機を尋ねると，彼は「もう早く仕事しないとまずいんですよね。前回も失敗してしまったので，なかなか先生もゴーサインをくれないんですよ。自分はやる気満々なのに，変なことになったら困るんですよね。どうしたらいいんですかね」と，迷惑なことに巻き込まれている，といった表情と口調で話した。私は唐突な感じに戸惑い，〈そうですか，カルテを読み，Ａさんが休職中なのは知っています。復職をされたいお気持ちが強いのにうまくいかず困っていらっしゃるようですね〉と言うと，「会社もいろいろあるでしょ。長く休むと……。経済的にもね。ありますよね」といった。私はさらに困って，〈いろいろと現在の状態にも困っていらっしゃるんですね。その……困っていらっしゃることを考えていくお手伝いをできたらと思います。カウンセリングは主治医の先生からの勧めだったようですが，どういう経緯だったのですか？〉と聞いた。Ａさんは，うつ病で２回目の休職中で，主治医から復職に向けて少し考え方の整理をしてみてはどうかと勧められたのだと手短に話した。私が〈主治医に勧められてどう思ったのですか？〉と聞く

と，自分としてもこれ以上繰り返したくないと思っているので，カウンセリングが効くのであれば受けたいと思ったとさらっと言った。
　主治医のコメントを思い出して，上司との人間関係がうつの発症に関連しているのかなと考えながら，彼にうつ病に至った経緯を尋ねると，入社3年目に異動があり，それまでの仕事との違いに戸惑い，やり方もわからないまま周囲にも相談することができず，徐々にあせりや気分の落ち込み，出社しようとすると吐き気がするなどの症状が出るようになったという経緯を説明した。Aさんは「最初の部署で，ある程度実績を上げて，ある意味引き抜かれた形で呼ばれたんですよ。でも，やっぱり仕事は似ているようで違うし，おまけに周りも忙しくて放置だから……どうしていいかわかりませんよね」と，自嘲気味にいった。彼はそれでも何とか仕事を続けていたが，担当したプロジェクトが一区切りついたときに力が抜けるように会社に行けなくなったとのことだった。
　Aさんは私との間にある机にもたれるように前のめりになって話し，私は彼との距離の近さに息がつまるように感じた。Aさんはそれまでの仕事と違い異動後の仕事に手ごたえが感じられないことを「この仕事あわねーなーって思って……。仕事やってれば手ごたえってあるもんですよねえ。ほら，やれてるなっていう……」と言った。私は訴えかけるようなAさんに同意を強要されているような窮屈な気持ちになった。
　私は思い直して，現在はどんな症状があるのかと尋ねた。Aさんは，今は仕事から離れているので特に症状は無いが，仕事をしなくてはいけないという気持ちがあり，何もしないで生活しているのがつらいと語り，また，薬は飲んでいるが効いているのかはよくわからないと言った。Aさんは会社の独身寮に住んでおり，周りの同年代の寮生たちの目も気になると話した。普段は，彼女と外出したり，趣味のマウンテンバイクに乗ったりして過ごしているとのことだった。
　Aさんは，「どうしたらいいんですかね。復職してもちょっと休むとまた休職でしょ。何か方法があるんですか？」と尋ねてきた。私は，困ってしまい，〈それをこれから一緒に考えていきたいと思います。自分のことを振り返ることでその方法を見つけていければと思います〉と伝えた。Aさんは納得したようなしていないような表情で私の言葉を聞いていた。
　終了時間が迫って来たので，私は〈カウンセリングという方法がAさんにとって意味がありそうか，まずは数回お会いしましょう〉と伝えた。Aさんは「数回……」と繰り返してから，「明日も来れますけど」と言った。私はとても驚いたが，次の予約は1週間後になることを伝え，終了した。

M：初回の日程はどのように決まったのですか？
発表者：私が出勤したら予約が入っていました。私の空いている枠に先生が調整して入れるようになっています。
M：カウンセリングについて，あなたが彼に「主治医に勧められてどう思ったのか」と質問したことで，彼のニーズと主治医の狙いの違いが見えてきましたね。主治医は，考え方の修正という彼自身の変化の必要を感じており，彼は，早く復職したいと外的な状況を変えることのみを望んでいるように見えます。

◀ニーズやモチベーションを確かめるために質問することが大切です。

I：彼の意識的なモチベーションは自分を顧みるということや内省しようとするのとは違って，その必要性は主治医が感じているということですね。それは本当は彼のニーズかもしれないけれど，まだ意識化できないととらえることもできますね。実際会ってみての印象はどうでしたか？

発表者：一見うつには見えなくて，どこにでもいるサラリーマンという印象です。想像していたのとは違って，休職中のわりには元気そうに見えて，深刻さは感じられませんでした。それから，初対面なのに距離が近いことに戸惑いました。

◀ノンバーバルなものを感じること，観察することからもアセスメントしています。
→ 2-2 p115

I：想像していたのとは違うという点が大事ですね。いわゆる中核的なうつとは違うのではないかと見立てられそうですね。初対面なのに距離が近いっていう感覚に関して思い浮かぶことはありますか？

発表者：そう言えば，もともと私自身年上の男性に緊張しやすいのですが，それでも彼から来る圧迫感は独特でした。

◀逆転移をアセスメントに使用する際，セラピスト派生の逆転移とクライエント派生の逆転移の識別が必要であることに触れています。
→ 2-2 p111

M：セッション中の息が詰まる感じや，窮屈で焦るよ

うな感じという感覚はアセスメントに役立つでしょう。初心者の人は，自分の特性から来る感覚と，クライエントとの関係で起こる感覚とが混じり合って区別できなくなりがちなので，自分のもともとの特性をよくわかっていることが大切ですよね。あなたの体験した感覚は，クライエントのまだ語られていない，言葉になっていない症状や体験かもしれません。たとえば上司との間で彼が感じている感覚や感情かもしれません。つまり，上司との関係性があなたとの間でも展開している，転移が生じていると言えるかもしれないですね。彼自身が，前のめりで焦っている感じを直接あなたが感知しているところもあるかもしれません。そしてそれを諫めたくなるようなこちらの逆転移はドクターの感覚ともつながりますよね。

I：うん，でも，特に後半になると「この仕事あわねーなー」と言ったり，「明日もこれます」と言っているあたりでは，少し気が緩んだ彼があなたに依存しているようにも感じます。だから，必ずしも上司が怖いだけではなくて，甘えたい彼もいるよう。

◀ワンセッションの中での転移の移り変わりからその人のありようをアセスメントしています。

M：前半は，上司や主治医という権威的な人を前にして，去勢を張っていた部分があり，上司や医師との転移関係が展開されており，後半は，女性心理士としてのあなたに反応して，女性との間での依存の関係が前景となっているようです。実際，どうでしたか？

発表者：Aさんの焦りばかりが伝わり，上手く聞きたいことが聞けなかったという不全感で落ち着かない気持ちになりました。同時に，距離の近さというかベタッと来るような感じもありました。

M：圧迫感や距離の近さという抽象的な言葉から，"落ち着かない"や"ベタッ"という，より身体的具体

な言葉で置き換えることで，クライエントのことがさらに理解できますね。彼を前にして何を体験していたのかがより明確になってきたのではないでしょうか。

発表者：カウンセリングはとりあえず復職をしてからのほうがよいのではないだろうかなどと考えたのは，彼からくるプレッシャーやベタッとする甘えから距離を取りたくなっていたのだと思いました。

M：ところで，「カウンセリング」という言葉を使っていますけれど，彼は「カウンセリング」とはどのようなものだと思っているのでしょうね？　心理士から助言をもらい，それに従っていれば治るものと思っている人も少なくないですよね。あなたの「彼が考えていけるのだろうか」という戸惑いは，そもそもカウンセリングのイメージが異なっていることからくるのかもしれないですよね。

I：「それをこれからいっしょに考えていきたい」という言葉も曖昧で，もう少し明確にしたい感じがします。湊先生が触れたことはクライエントの抱くカウンセリングのイメージでしたが，心理士がカウンセリングをどう考えているか，自分が提供できるものはなんなのかをある程度定型的に説明する必要があるでしょう。初回はクライエントとのカウンセリングのイメージのすり合わせの段階なので，そこで，彼とどう契約をするかとか治療の目標を決めるかというところを丁寧にしたいですよね。

M：もしかしたら，あなたは彼のことがよくわからないこともあって，カウンセリングに向かないと思った部分もあったのではないですか？

発表者：焦りは感じたんですけど，会社を休むとすぐに元気になってと言うのがよくわからなかったです。そ

◀「わからないこと」「違和感」をもとにアセスメントしています。
→ 2-2 p119

んなに深刻そうではないし，他人事みたいにみえて違和感がありました。

Ｍ：彼が今の状態に対して他人事みたいな感じや迷惑なことに巻き込まれているような態度をとっている，とあなたが彼に対して抱いた違和感は大切で，おそらく今の彼自身のあり様を表していると思います。

Ｉ：マウンテンバイクとか彼女とか，そういうことはできているんですよね。でも，休んでいるのを皆に見られて恥ずかしいとか，途方に暮れている感じもある，っていうのが矛盾していますよね。そのあたりがよくわからない。

発表者：たしかに，不自然でなんか無理しているなーと感じました。

Ｉ：うん。それが防衛ですよね。一番傷ついているところを切り離している。なかったことにしたいＡさんというか。防衛は対処とか表のありようなので，外側に出ていて，そこだけ見ると生意気とか，気にしていないみたいにこの人は見られやすいかも。周囲にはさばっているとか自分勝手とか思われちゃうかな。こういう防衛を使う人は自己愛傾向と言えるかな。

◂防衛と防衛されているもの（心痛）という視点の重要さに触れています。

発表者：そうですね。そういう言葉も浮かびました。

Ｉ：彼が言う復職する必要は外的なものが多いですね。彼が虚勢を張って防衛している裏には，彼の内的に傷ついている"どうしても行けなくなる彼"がいるように思う。意識的にはやる気満々と言っているんだけど，吐き気がして，会社に行けなくなってしまう何かがあるのでしょうね。吐き出したいような辛い感覚，それが，こころに置いておけないこころの痛みなんでしょう。表にみえる防衛のみではなく，防衛されているものが何かという視点をもつことが力動的な視点です。

たとえば、彼から「何か方法があるんですか」みたいに焦って問われると意識的な交流としてはそこにとらわれちゃいがちですが、裏にある力動や情緒を読んで、彼の痛みを「そういうふうに焦ってもどうしても行けないっていうところでずいぶん苦しい思いをなさいましたよね」と伝えることができると、「いやあ」と強がりながらもわかってくれたなっていうふうに思うかもしれない。それはカウンセリングに対する大事なモチベーションになる。こちらの逆転移をモニタリングして、クライエントの心痛に触れていくことを大切にすることですよね。

◀逆転移を用いて立てた、ある程度の見立てを仮説的に伝えたり、情緒に触れたりすることでモチベーションを育てます。

M：彼を何らかの形で面接につなげるために、1回目から、あなたの問題はこういうところにあるのではないか、薬物療法だけでは限界があるかもしれないなどの動機づけをすることも必要でしょう。実際に、彼は薬物療法では効果はあまり感じられないと話しているし、仕事で困っても職場で相談できない、放置されているなど、職場の不満も訴えているので、まずは職場の人間関係から触れることにして、「言葉でやりとりするカウンセリングは、職場におけるあなたのコミュニケーションの不全感に効果があるかもしれない」と伝えてみても良いかもしれないですね。

◀面接のセットアップの具体的イメージについて触れています。

I：能動的に仮説を作る。「今日伺った範囲ではこう考えますけどどうですか」みたいに言えるほうがいい。料金が発生するクリニックの面接という最前線では「一緒に考えていきましょう」のみではなかなか通用しません。そういう意味で私に浮かんできたのは、先ほど整理した圧迫感やベタッとする感じは、まさに逆転移なのですが、それを吟味すると、彼は強がってカッコつけている一方で、不安で依存したいようなとこ

ろがあるようですね。僕だったら「お話を伺っていて思ったのは，仕事で引き抜かれて嬉しかったけど，放置されて頼れる相手がなかったのは心細くて不安だったろう。そういうところで徐々に疲れていったんじゃないか，誰にも頼ることができなくてきつかったんじゃないか」と情緒に触れてみる。はじめは粗っぽくてもいいので，理解とか解釈をあくまでも"このように感じたのだが"という謙虚さを忘れずに伝えてみる。

M：ただ，短いセッションの中で今言ったことをすべて含めて話し合うことは難しいと思います。彼の特徴でもいいし何かキャッチしたものを，1つでもいいので心理士が自分の言葉を使ってクライエントに伝え返すことができればよいと思います。

発表者：強がってもいるけど，その実焦っている感じは伝わってきていたので，そのことをもっと明確に伝えればよかったかなと思いました。

M：焦っている感じと，一方の他人事みたいな感じという矛盾がキャッチできているので，どちらにも触れるとすると「焦ってもいるし，でもその姿は見せたくないあなたもいるのかも」などと伝えてみるとよいかもしれませんね。ところで，1回目を終えて主治医には何か伝えたりしましたか？

◀アンビバレンス（両価性）に触れる。
→ 2-1 p95

発表者：う〜ん，まとまっていなかったので何も話していません。

M：あなたの報告を聞いていると，彼はどうも無力感が強かったり，まったく何もしたくないという感じでも無さそうで，抑うつ症状よりも焦りや不安が強そうな人のようですね。そのあり様をあなたの見立てとし，自己愛的な人なのではないかと主治医に伝えてみてもよいのではないかと思いました。そのことは薬物療法

の助けになるかもしれません。
│：いわゆるうつ病の中核群ではないというのがありますよね。われわれは，力動的アセスメントとして仮説を組み立てながら，同時に共通言語として医学診断やバイオロジカルな部分での診断補助の見立てを1回目から医師と共有できるとよいですね。

■**第2回目　20XX年Y月17日（初回より1週間後）**
　Aさんは，約束の15分前から待合室で待っていた。
　部屋に招き入れると，入り口で軽く会釈をしてドカッと椅子に座り，フーッと大きく息を吐いた。何となく全体的にくたびれて見え，おもわず，〈今日はお疲れなのですか？〉と聞いた。Aさんは「やー。どうですかね。そんなことないですけどね」と言った。そして，昨日，復職に関する上司との面談があったと話し，「よりにもよって，面談を朝一に設定するんですよ。久々にラッシュの電車に乗らなくちゃいけなくて，それは疲れましたかね。午後からは実家に帰らないといけなかったので，移動が多い一日で」と語った。問診票に記載されていた実家はとても遠く，日帰りではとても疲れただろうと思った。私が〈ご実家遠いですよね〉と言うと，「急に呼び出されて仕方なく。泊まってもよかったんですけど，今日はこれがあるから」と応えた。私は，文句を言いながらも言われるがまま長距離を行ったり来たりしているAさんがなんとなくかわいそうに思えた。そしてよりにもよって今日のカウンセリングも朝一の時間であったことを申し訳なく感じた。
　実家に帰った理由を尋ねると，Aさんは「ちょっとね。母親がまいっていて呼び出されるんですよ」と苦笑いしながら言った。Aさんの母親は，Aさんが入社して間もなく脳梗塞で倒れた父親の看病をしているとのことだった。父親は昔から仕事人間で，家ではとても厳しかったが，病気で体が不自由になってからはイライラして母親にあたることが多いとのことだった。母親は精神的に追い詰められてくるとAさんにひっきりなしに電話をかけてくるので，そのたびにAさんは実家に帰っているとのことだった。実家には弟が同居していたように思い，なぜそこまでAさんがしなくてはいけないのか，弟は何をしているのかと考えていると，Aさんがじれったそうに「今日から何するんでしたっけ？」と尋ね

てきた。本日から4回アセスメント面接であることを説明し，Aさんに〈今までのAさんについて教えてください〉と伝えた。Aさんはしばらく何を話したらよいか迷った後，今の会社に入社したきっかけや，就職して最初の部署での仕事の内容について詳しく語った。Aさんは入社直後から仕事の呑み込みが早く，同期に比べて上司に褒められることが多かったと話した。私はAさんの語る仕事の話が最後まで何となく頭に入ってこず，なかなかAさんが働いている姿を思い浮かべることもできなかった。

I：今回の印象はどうでしたか？

発表者：1回目と違って，彼の大変さが伝わってきたし，家族の問題も背景にあるのではないかとも感じました。その一方で，彼が話すのは仕事の，それも良かった時のことだったので，彼がつらい内面を見ていくという作業は難しいのではないかと感じました。

M：まず2回目は，「前回来てどうでしたか」とか「今日はどういう思いできましたか」などと聞くとよいでしょう。1回目のアセスメントから，虚勢を張るところがある人と推測されるので，「一日で会社と実家に行かなければならず，すごく大変だったのに今日はカウンセリングでしたが」などと彼の大変さを汲んだ上で，彼自身の思いや考えたことを引き出すとよいと思います。アセスメントも一方通行ではなく共同作業なので，クライエントがどのような体験をしたのか，何を感じたのかが非常に大事です。どのように思ったか，感じたかを確認することはクライエントの主体性を尊重する態度にもつながります。あなたが彼を大変だと思ったのはどんなところからですか？

◀アセスメントが共同作業であることに触れています。

発表者：予約時間より早く来たり，くたびれた様子で大

変さを話している彼に，なんとかしてあげたいような気持ちを感じました。

I：先週と異なり，大変そうだな，朝一にして悪いな，とあなたも思ったようですね。彼が甘えたい気持ちを持ってきたからなのかな？

発表者：ああ，それが甘えなんですか。どうなんでしょう……。

M：あなたの彼に感じた"何とかしてあげたいという気持ち"はどんな感じかもう少し教えてくれますか？　◀逆転移を吟味してクライエントの理解につなげています。

発表者：えーと，変なんですけど，イメージですが……，長距離移動で大変なのでお弁当をちゃんと持たせてあげたいような気持ちです。

M：お弁当（笑）。彼は男性との間でうまく関係を作ることができず，彼女や母親など女性とは関係を継続できる感じですね。母親に呼び出されたこととあなたに呼び出されたことは同じようなこととして彼の中では体験されているかもしれません。そして，呼び出されているという受け身的な態度は，甘えていたいとかつながっていたいという転移関係が起きている可能性があります。

I：お弁当のイメージから連想すると，彼の依存というのは，異性愛というよりは，母子関係レベルのもののようですね。要するにママっ子なのかね。母親転移の文脈の読みですね。

発表者：ああ，たしかにこの日の始めは，彼を前にしていたときの感覚としては，大人というよりも男の子のイメージだったかも。

I：うん，そうすると彼の固着点や発達段階というのが見えてきますね。褒めてもらいたいし，褒めてもらえるうちはいいけど，男性的世界では依存できなくてか　◀心理／性的発達論の応用
→ 2-1 p97

っこつけて虚勢を張って，結果として傷つく，というようなエディプスの前期の問題とアセスメントすると彼がより立体的に見えてくる。

M：精神−性的発達論のような視点が大事なのは，クライエントのことを知的な理解に当てはめるためではなく，逆転移に巻き込まれすぎずに，その人の問題を実感レベルで理解するためなのです。そうすると，彼の幼児的部分をコンテインしていくことができるようになります。発達論などの理論は，心理士が自分自身の内的体験をコンテインするために必要なのです。　◀コンテイン　→ 2-1 p95

I：この場の転移で起こっていること，それと幼少期に起こっていることのつながり。それから会社で生じている実際の主訴。T-P-O連結で見れば，お父さんが倒れたことも含めて親との関係が歴史的にあって，その関係性が上司との関係でも，主治医との関係でも展開しているということが少しずつまびらかになってきますね。　◀人の三角形（T-P-O連結）→ 2-1 p94

発表者：彼を助けてあげたいという気持ちは，彼の強がりの裏にある心細さを感じたからなんでしょうかね。

I：だいぶ彼の心痛が明らかになってきたような。彼の子どもの部分が持っているその心細さや不安が，症状を出すポイントなのではないでしょうか。この症状の背景にある，お父さんが倒れ，お母さんを彼が支えなければいけないという現実的な事態も彼の不安を高めているでしょうね。　◀クライエントの無意識の物語，心痛と現在の問題のつながりを見立てることが大切です。→ 2-1 p92

発表者：でも，病気のお父さんの話や距離が近いお母さんの話をしたと思ったら，急にそんなことは関係ないとばかりに自分の仕事ができた時の話ばかりして，なんとなく彼のモードが変わったように思えて，私はがっかりして，内省的な心理療法は難しいと思ったんで

す。

I：というよりは，それは彼の心痛に触れたからこそ，彼が防衛を再度発動して，強がりで有能な自分を強調するという姿勢が現れたのではないかな。

M：そういうときは，彼の話があなたの頭に入ってこず，生き生きとした感じになれなくなってきますね。それが，クライエントが防衛しているときにセラピストに起こってくる逆転移の特徴だと思います。最初は誰でも防衛的になるし，こちらが問題だと思う点や焦点づけたいポイントがあっても，そこをそのまま深めていけるケースのほうが遥かに少ないですよね。それができなくて来談しているわけですからね。

発表者：Aさんの心痛や不安の部分と，それを防衛する部分とを分けて考えるとセッション内の彼のこころの動きがだいぶ見えてきました。

I：このあたりで，あなたなら彼になんと言ってみたくなりますか。これが試験解釈ですよね。

発表者：うーん。「頼りたいんだけど頼れないんですね」ですかね。でもそこに直に触れるとかえって彼を傷つけるかなと思うんです。彼が大変なことが重なっている中でがんばってきたことに触れるのはどうでしょうか。

M：私は，クライエントの使っている言葉や意識水準にある言葉を使うようにしています。たとえば，頼れないという言葉を使うより，彼が「放置」や「手ごたえがない」という独特の言葉を使っているので，「手ごたえが欲しくて一生懸命やっているのに，周囲からは思うような反応がないので放っておかれているような疎外感や不満を感じているのではないでしょうか」と伝えてみるかもしれません。

◀クライエントの使用している言葉を用いた試験解釈を考えます。
→ 2-2 p121

I：僕ならば,「この1年はあなたにとってお父さんが倒れたことや,お母さんの手伝いをしないといけないこと,会社でも期待に応えなければいけないことなど,あなたの大人の部分を使わなければいけなくて,ずいぶん疲れたのではないでしょうか。あなたの子どもの部分はもう限界だ,少し休ませてくれと仰っているのかもしれませんね」というようなことを言ってみますかね。

M：自分の理解を伝えてみて,彼がどういう反応をするかを見ることが大事です。現段階では,自分から頼るというよりも放っておかれるという受け身的,被害的な体験をしているので,先ほど述べたような感覚で理解を示すことが侵入的ではないし,関係性を作る上での工夫となるでしょう。

I：こうして振り返ると転移がしっかり展開してきている人なので内省的な心理療法はあり得る選択肢かなって思います。内省的なセラピーが難しいなっていうあなたの気持ちも逆転移と考えてみると,この人の弱いところに触れられたくないという防衛にたどり着く。ここでも強がっているけど,その実不安で心細い感覚があることを,共有していき,それをコンテインしていく過程が今後は肝になっていくという見通しが立てられそうです。

◀見通しを伝える。
→ 2-1 p102

M：一点気になるのは,今後の見通しとして,あなたが彼に対してかわいそうと思うという逆転移が生じていることを吟味しないでいると,彼の自己愛的世界にはまり込んで,彼を慰めたり,世話を焼いたりする,つまり手弁当を持たせてあげるというような,共謀関係に陥ってしまい,面接が彼を理解していく場として機能しなくなる危険性があります。

◀共謀関係に陥らないように逆転移を吟味することが大切です。
→ 2-2 p113

I：そうやって巻き込まれることはある程度不可避なことなんだけど，そのことをモニタリングし，話し合える関係を作るということが真の治療契約と治療同盟にあたりますよね。

M：今日発表してみてどうでしたか？

発表者：私が私なりの理解や感じたことを伝えるということをしないと，彼の中にある潜在的なニーズも表には出てこないのだなと感じました。初期の面接と言うのは，客観的に情報を収集して分析するだけという作業ではなく，私とクライエントの相互作用によって動いていくプロセスなのだと思いました。私がいろいろ感じたことは意味がなかったりおかしいことでなくて，そのことを考えていくといいんですね。

ケースの解説

■アセスメント

このクライエントは，部署異動による環境変化をきっかけに抑うつ状態に陥った。異動前の環境では，認めてくれる保護的な父親的対象が存在することで万能的で有能な自己像を保つことができていた。しかし，異動によりそうした現実の対象を失い，男性的な競争関係の中でうまく適応することができず，心細さや不安，うまくいかないことからくる焦りを募らせていった。同時期に父親が病気で倒れ，家庭内の関係性も変化したことで，その不安が一層強まり，うつ症状を呈し，休職に至ったと考えられる。

一見自分の問題に無関心であったり，強がったりする彼の態度は，自分の苦しみや弱さを否認する防衛として考えられる。また，女性セラピストである心理士への態度は，母親対象への依存的な転移の表れと考えることができよう。主治医はこれらの問題を意識・無意識に受け取り，心理療法を依頼したという力動があるかもしれない。これらのことから，生物学的な基盤の強いうつ病のケースというよりは，傷つきやすさや依存の問題を抱える自己愛的なパーソナリティ傾向の強いクライエントが，

環境の変化と喪失体験を契機にして，うつ症状を呈しているケースと見立てることができる。

■マネジメント

クライエントは相談主体にはなりきれておらず，依頼主である主治医のニーズと彼のニーズも食い違っているため，そのギャップを埋めていく作業が必要となる。彼の不適応については，上記のアセスメントを念頭に置きながら，まずは，現時点での彼のニーズ（復職）や心情（焦り）を汲み，全体の状況を整理していくサポート（環境調整）をする。そして，心理士としての見立てと見通しを医師とクライエントに伝えていく。方針として，彼が否認している傷つきや弱さをもつ等身大の自分を内省していくアプローチにより，内的な成長と社会に適応する力の向上を目指すことを伝える。このプロセス自体が，セラピーに対するモチベーションを育てていくことにもなる。

この時点では，困っている相談主体は主治医であり，主治医に対して，薬物治療のみでは回復が困難という医師の考えに同意し，依頼の際に使用した「受け止め方のネガティブさ」というクライエントの状態については，抑うつ症状よりも自己愛的な性格傾向からきている可能性があるという心理士の見立てを伝える。その見立てを伝えることによって，会社との調整や診断書などの管理医機能をサポートしていく。このやりとりを通して，お互いの役割分担を明確にしつつ，協働関係を築いていく。

●この章のまとめ

クリニックなどの組織は，スタッフの人数が限られた比較的小規模な集団です。その集団自体がクライエントを抱える環境になるという視点を持つことが大切です。クライエントの病態や健康さと共に，クリニックの特性や力動を見極めることが重要となります。

カウンセリングが依頼される際には，主治医であり，経営者でもある医師のニーズと考えを十分に知り，クライエントのニーズを聞き取りながら，心理士として自分ができる役割を考えます。そして，カウンセリング（心

理療法）がクライエントにとって意味のあるアプローチになると考えたならば，そのことを医師およびクライエント双方に段階を踏んで説明していきます。

　また，医師の診断や考えを理解し，共有するためにも，医学的視点とその効能を十分に学んでおきます。医師との連携では互いの役割の違いや目的を言葉にしていくことも求められるのです。

コラム―初心の臨床家に伝えたいこと，そしてお薦めの1冊 ❶

所詮人のやること，されど訓練は嘘をつかない

狩野 力八郎

　一昨年亡くなった中村勘三郎は「型が身についてはじめて型破りができる」という無着成恭の言葉を座右の銘にしていたという。型を身につけるための不断の訓練を自らに課していたのである。私たち臨床家が，アセスメントやマネジメントについて訓練を欠かさないのは，私たちの診療や援助の予測可能性を高めるためである。予測可能性が高いということはそれだけ科学的であり，形を備えているといってもよい。

　メニンガー病院に留学していたとき，もっとも時間のかかる仕事のひとつ（同時にそれはもっとも役に立った仕事でもあった）は，自分自身による精神医学的面接からの情報はもちろん，同じチームのナース，精神科ソーシャルワーカー，臨床心理士，活動療法士らからの詳細な報告書（必要な諸検査の結果も含む）をまとめて診断サマリーを書き上げることであった。そこには，力動的公式化，フォーマルな診断，具体的で達成可能な治療目標とそれに対応した治療アプローチからなる治療計画，予後に関する予測も含まれていなければならなかった。文字通り，情報を収集し，分析し，判断し，予測し，そうした計画に則って臨床実践を行い，常にそれを再評価する。この診断サマリーは当該患者に関するもっとも基礎的な医学的資料になるのである。であるから，それはひとつの論文以上の分量があり，研修医や精神科医の力量が試され評価される最適な資料であった。つまり，臨床において誰が優秀で誰がそうでないかということがすぐに分かるのである。

　これに少々類似しているのが外科である。外科医の腕がいいかどうかは，手術時間と出血量などですぐに分かるのだそうである。たとえば，腕のいい外科医が手術をするとき，対象になる患者の解剖図が眼前に詳細に浮かび上がるという。当然それに関連した生理学的機能も生き生きと思い描くことができる。であるから手術時間も短く出血も少なくすむのである。そしてこういうプロとしての機能を身につけるために彼らは絶えざる訓練，術前の念の行った準備と術後の評価・検討を欠かさないという。こういう作業を数多くやればやるほど腕はあがるのである。だ

から，外科医の質に言及するとき，手術の数を問題にするのは当然である。

　将棋や囲碁においてプロの棋士は，対戦中，何手も先の無数の棋譜をありありと思い描くことができる。もちろんプロの棋士になると生来的な素質が相当に関連しているようだが，それにしても大変な努力と研究を積み重ねているのである。

　分野は違っても，これらのプロの発言で共通しているのは，どの症例（事例）も手術も対戦も，どれひとつとって同じものはひとつもないということである。格好よく言うとどれもが新しい。だから，面白いし，だから工夫がいる。生きている人のやることは皆違うのである。一生訓練なのであろう。これを雄弁に語っているという意味でお薦めの本として『治療構造論』（岩崎学術出版社）をあげておきたい。

2
スクールカウンセラーのケース

事例発表者：20代半ば，臨床歴3年の女性臨床心理士

● この章のねらい

　学校現場へ入るスクールカウンセラーは，こころの専門家として理論や技法を応用しながら，組織の一員として仕事をすることが求められます。学校において精神分析的・力動的な視点はどのように活かすことができるのでしょうか？　さまざまな問題はどのようにとらえることができ，個人面接の他にどのような関わり方があるのでしょうか？　学校という教育領域における心理士の働き方を力動的に考えてみましょう。

ケースについて

■勤務状況

　公立中学校勤務1年目のスクールカウンセラー。1日8時間，年間35週勤務。

■職場の背景

　私は，都市近郊の住宅街にある中学校に，今年度よりスクールカウンセラー（以下 SC）として赴任した。前任 SC は男性。勤務当初，学校を知ろうと授業参観に多くの時間を充て，空き時間には教師と話すよう努力したが，その機会も十分に持てないまま，あっという間に数ヵ月がたった。また，この学校では生徒指導会議が毎週行われ，不登校や気になる生徒についての情報交換が行われていたが，勤務曜日と合わず，会議に出る機会はなかった。

　相談室は，職員室や保健室が並ぶフロアのはずれにある。ときおり生徒が訪れる以外に，直通電話による保護者からの相談申し込みも受けて

いるが，相談件数は少なく，思うような成果が出せていないと不安だった。
　校長からは，「SCは生徒指導の教諭と相談して業務を行ってほしい」と指示があり，私もそのつもりでいた。しかし，生徒指導教諭は非行生徒の対応に忙しく，不登校生徒まで手が回らないのか，不登校への対応は各学年，担任に任せられていることがわかってきた。不登校生徒は各学年には数名ずつおり，担任の中には定期的に家庭訪問をするなど対応に熱心な先生もいた。そして，その対策は生徒指導教諭ではなく副校長を中心に行われていた。私はこの学校の勤務も長いベテラン養護教諭が学校内外のさまざまな情報に精通していることを知り，出勤するとまず彼女に話を聞きに行くのが常になっていた。

●ディスカッション

岩倉（以下Iとする）：あなたの勤める学校がある地域にはどんな特徴がありますか？

発表者：この地域は，新築マンション群や古くからある一戸建て，公営住宅など新旧の住人が混ざっている印象です。教育熱心な保護者も多く，学校に対して教育面での期待も大きいようです。

I：そういう地域では新旧の住民での意識の違いや葛藤などがある場合もありますね。たとえば，非行の生徒が多いとか不登校の生徒が多いとか地域ごとの特徴があったりします。SCとして職場に入ったら，まずはその学校を囲んでいる器としての地域のアセスメントをしてみます。

◀場のアセスメントをしています。
→ 2-1 p98

発表者：そういえば，保護者の雰囲気もそれぞれです。下町のおっかさんという感じの方や，奥様風の方が混ざっているでしょうか。あくまで印象ですけれど。

I：そうそう，そういうことを観察していくんです。

湊（以下Mとする）：地域という意味では，あなたの雇

い主でもある教育委員会の方針はどうですか？

発表者：ああ，教育委員会のことまでは考えてもいなかったです。そういえば，年初のSC全体会議では不登校対策を重点的にと言われました。

◀雇い主のニーズを確認しています。

M：不登校対策は，教育委員会も力を入れているところなのですね。

I：地域の次は学校内の集団力動はどうですか？　聞いていると，非行には目が届いているけれど，不登校への対応は手薄なのですね。そういう意味では教育委員会の方針とは一致する。

◀力動的認識
　→2-1 p95

発表者：はい，組織全体で関わるというよりは，それぞれがバラバラに動いているような感じがあります。私も，連携が取りづらくて焦っています。

I：焦る感じ？

発表者：たとえば，相談室の並びにある空き教室を別室登校のための部屋に改装することになったのですが，私が知ったのは改装後でした。SCなので事前に知らされても良さそうと思ったのですが。その時，蚊帳の外に置かれている感じがして，何とか早くこの学校で役立ちたいと思いました。

I：あなたが学校に対して感じるバラバラさや蚊帳の外感というのは不登校の増加とも関連しているかもしれないとも連想しますね。職場のホウレンソウ（報告・連絡・相談）がうまくいっていないということですね。職場の連携や情報伝達などの機能，葛藤や病理などの「職場の機能水準」を仮説を立てながらアセスメントする段階。この職場はけっこう耕しが必要な場と言えそうだし，不登校については手助けを潜在的に求めているとも言えそう。

◀職場の集団としての機能水準をアセスメントしています。→2-1 p99

M：ところで，前任者からはどのような引継ぎがあった

のでしょう？

発表者：関わっていた不登校と発達障害の生徒数名について書面で簡単な引き継ぎがありましたが，どのように活動していたか詳しくはわかりませんでした。

M：前任者がどのような存在として見られていたのかを知ることができると，学校側の期待も見えてくるのですが。この学校では，非行に関しては生徒指導の先生が，不登校に関しては副校長が中心に対応しているということですが，あなた自身は，SCとして学校からは何を期待され，相談室はどういう位置づけだと思いますか。

◀クライエントや集団に関わる前から向けられる投影について吟味しています。
→ 2-2 p112

発表者：学校からは不登校への関わりが期待されていたと思います。相談室は，う〜ん，どうなのでしょうか。教員では手に余る個別の問題に関わること，特に，不登校生徒への関わりや保護者の相談の場として位置づけられていると思います。

M：表向き（意識）の期待はそうだとして，暗黙のうち（無意識）に期待されていることも集団の中ではあると思うのだけれど，何か感じることはありますか？

発表者：私が経験が浅く，女性なのも関係あるのか，むしろ期待されていないという感じがします。よけいなことはしないでいいと思われているのでは，と思うこともあります。校長先生はニコニコされていますが本心は分からないし，生徒指導教諭に話しかけても冷たい対応が多くて。養護教諭の先生が話しやすいので，つい話に行ってしまいます。

I：どういう場か見当がつかない，わからない，そして怖い感じもしているのですね。その情緒も検討し，関係性を見極め，自分のものの捉え方の特性もよくよく吟味しながら，場のアセスメントを進めていく。昔か

ら参与観察と言われていることですが。

発表者：実際は何が起こっているかわからずただただ不安で，学校に行くのが辛くて早く何とかせねばと焦ってばかりでした。その不安は私の問題と考えていましたが，職場の力動の反映という面もあるように思います。そう言われると安心して職場の力動を見直すことができそうです。 ◀SCの不安の理由を職場の力動から理解しています。

M：誰でも職場に入ってすぐは馴染むのに時間がかかったり，不安になるのは自然なことですよね。

I：そして，あなたの焦りや，学校に行く辛さという体験も，不登校が多いこの学校について理解を深めるための考える対象になりますね。それではケースを聞きましょう。

■**相談依頼　事例Aさん　中学1年女子**

　夏休みが明け，今年度初めてクラス担任となったB先生から，「実は，5月中旬から気になる女子Aさんがいる」と相談された。

　Aは5月から休みがちになり，9月はさらに休みが増え，先週は5日間連続で欠席。欠席の日は必ず母親から体調不良と電話連絡があるため，これまで気にとめていなかったが，さすがに心配になった。何度か教室で声をかけたが，下を向いてばかりでまともに話ができない。親しい友人もいないようで他生徒から話を聞こうにも聞けない。不登校になると心配なので，早く対応したいとのことだった。私がAはどのような生徒か尋ねると，「入学当初から一人でいることが多く，極端に目立たない生徒。なので，欠席も体調不良というよりこころの問題と思い始めた」と語った。そして，「女性の方が話しやすいだろうから，話を聞いてもらえないかな。ここだけの話，正直苦手で。母親に今朝SCのことを話したら乗り気だった。まず母親が来るそうなので，来週の先生の空き時間に予約入れておきました」と軽く言われた。

　私は，急な展開に驚きつつも，情報収集のため，養護教諭に話を聞きにいった。Aが時々保健室を利用しているのは耳にしており，数週間前もAの話題が出ていたことを思い出したからだった。養護教諭は，入

学早々に保健室を訪れ、その後も頻繁に利用するAのことをよく覚えていた。熱があるので早退したいと訴えるが、測ると平熱ということが多く、「Aさんの訴えは精神的なもの。まだ中学に慣れていないからでしょ。これまでは元気づけて教室に戻していた」とのことだった。私は叱咤激励型の養護教諭の「甘えん坊なのよね。幼いっていうか」という言葉が耳に残った。

M：相談を依頼してきた担任はどんな方ですか？
発表者：B先生とは年齢が近いこともあり、以前から気軽に話していました。20代半ばで教育熱心というよりは、どこかドライな感じがする今どきの男性という印象です。ただ、相談してきたときは焦っている感じでした。
I：担任からAさんのことを聞いたとさりげなく言っているけれど、あなたの「耕し」が担任とのつながりを作り、悩んでいる生徒のことを話せたのではないかな。これで仕事がひとつ進んでいる。日常の何気ない会話を意識的にやっていく「雑談的コンサルテーション」ですね。

◀耕し→ 2-1 p97

◀雑談的コンサルテーション
　→ 2-1 p100

発表者：ああ、B先生は話しやすい人なので話せました。多くの先生方と日常的に話をするのは、しんどいときもあり、躊躇することもあります。でも、それも意味があることなのですね。
I：そうですね。それが仕事です（笑）。そして、この時はカウンセラーとして試されている時期とも言えます。実際、「来週予約入れておきました」は"無茶ぶり"ですよね。
発表者：突然で正直戸惑いました。仕事が入ってよかったとも思いましたが……。

I：このような相談を受けた時にどんな言葉を返し，どんなことができるかが次の仕事につながっていきます。できないことはできないと言うことも大事ですが。0期の「耕し」が進展すると，事例化した問題に取り組む「治水」の段階ですね。

発表者：私はまず養護教諭の所に話を聞きに行ったのですが，それはどう思いますか？

◀職場のキーパーソンとの関わりについて聞いています。→ 2-1 p99

I：そこは面白いところだと思う。耕しながら集団力動を見ているあなたがいて，ここでは養護教諭に聞いた方がいいなと判断しているよう。問題の「治水」の時期には，学校内の人間関係の配置，力動的な地図を改めて意識して描いてみるとよいでしょう。

◀治水→ 2-1 p101

M：養護教諭に話を聞きに行く前に，そのように動きたくなる動機を意識化することも意味があると思います。養護教諭から情報が得られるという理由だけでしょうか？　もしかしたら，まずは養護教諭を立てなければならないという思いもあったかもしれないですね。その辺りはどうですか？

◀自分の行動の動機を意識化することが大切です。→ 2-2 p111

発表者：う〜ん，そうですね。養護教諭が校内の情報に精通していると知っていたので，頼ったのだと思います。それと，話しておいたほうが，後々いいのではないかと……。根拠はないのですが，直感的にそう思っていました。意識してやったわけではないですね。

M：そういうときに意識化することが必要なのは，担任など他の教員よりも養護教諭からの情報を優先させてしまうという関係性が無意識のうちに生じていたかもしれないからです。誰とどのような目的でどのように関わるか意識して動いていけるようになるといいですね。

I：担任から母親と会ってほしいと依頼があり，すぐに

会うことにしているけれど，それでよいのだろうかという問いはありますね。僕だと，問題の「治水」が始まった時，この時点での相談主体が誰なのかを考えてみるのだけれど，この場合誰が相談主体だろう？

発表者：問題があるのはAさんですが，相談されたのは担任からです。この場合，担任になるのでしょうか。

◀相談主体が問題になっています。
→ 2-1 p103

I：そうですね。学校を休んでいるAさんについ目が行くけれど，この時に，"担任がAさんのことであなたに悩みを相談している"ということが大事なのではないかな。

M：それに，5日間連続して休んだ段階でAさんの問題を不登校として見立ててよいのでしょうか。

発表者：ああ，確かに。B先生の話だけで彼女が不登校だと思い込んでいました。でも，考えてみれば，B先生も不登校だとは言っていませんでした。

M：そうですね。たとえば，不登校に介入してほしいという学校全体の志向やB先生の不安に巻き込まれているあなたもいるかもしれませんね。

発表者：ああ，それは本当にあると思います。

M：だとしたら，今の時点で振り返るとB先生のどういう不安にまきこまれていたと思いますか？

◀相談依頼に至った背景に目を向けています。

発表者：B先生も初めてのクラス担任で，校長や学年からのプレッシャーも感じていたのではないかな。そんなところにAさんが5日間休み始めたことで焦ったのだと思います。あと，Aさん親子への苦手意識もあったと思います。

M：担任の焦りや不安について見立て，言語化することによって，まずは困っている担任のサポートになることもありますね。

I：母親面接を導入する以外に，担任や養護教諭も含め，

この問題に対して学校が本来もつリソースを検討することができますよね。それらをアセスメントしてコンサルテーションする。たとえば、クラス運営としてはクラスメイトにどう協力してもらうか、あるいは他の教員との連携の模索、友人や部活の協力、などさまざま考えられるかもしれない。学校や教員の特徴を生かしながら、SCと学校のコラボレーション（協働）を促進していく。この視点はコンテイナーとしての環境や周囲のアセスメントと言えます。個人面接をすぐに始めることで、というより個人の病理のみに注目していく方向によって見失うものがあることを自覚しておくことが大事でしょう。

◀母親面接以外の方法を検討しています。
→2-1 p103

◀学校と協働する視点について話しています。

◀コンテイナー
→2-1 p95, p103

発表者：このとき、母親面接という選択肢以外浮かばず、母親と会うことが当然と考えていました。今思うと、なんとか役立ちたい、何とか橋渡し役をしたいと先走ってしまった自分がいたことに気づきます。

I：あなたが引き受けすぎることによって、橋渡し役ではなくて、関係を分断してしまう側面もあるんですよね。

発表者：そうなのですね。自分一人でやるよりも、学校の先生たちの視点や得意なところを生かしながらやればよかったと思いました。実際、先生たちも話をしたら協力してくれたのではないかと思います。

■**母親面接**

　翌週、約束の時間に現れた母親は、PTAや地域活動にも積極的で、よくしゃべる明るく世話好きそうな人だった。娘の欠席が続くことにまつわる親の気持ちや家での様子などを尋ねると、「最近は、お腹が痛いと言って行きたがらない。休んだ日は昼過ぎまで寝ているが、4歳年下の妹が下校すると、その友達とも一緒に遊んでいる。もともと身体が弱い

し，夏休みで休み慣れしたのだと思う。登校するペースができるまで時間がかかるし，無理をさせない方が良いと思って先週は思い切って休ませました。もちろん行ってくれればいいですけれどしばらく様子を見たいと思っています」とこちらが拍子抜けするほど明るく語った。さらに，中学入学当初は制服を嫌がっていたこともわかってきた。そして，母親自身の不登校経験から，無理はさせずに今は様子を見ていると話した。さらに，相談室やSCについて，いろいろとたずねてきた。

　私は，小学校低学年の妹たちと楽しく遊ぶという話や，登校に母親の付き添いが必要だった時期があることから，ずいぶんと幼く弱い少女を想像した。また，体調不良も心因と推察され，それをわかっていながら悠長に構えている母親の態度が不思議に思えて仕方なかった。そのため，Aさんに何らかの心理的な支援が必要と感じ，母親から一通り話を聞いた後，「教室に入るのがAさんにとって一番いいことかどうかは分かりませんが，体調不良はこころの状態も影響しているように感じる。この相談室は生徒も使えるので，悩みがあるならば一緒に考えてみたいと思います」と伝えたところ，「先生は話しやすそうだし，娘も喜ぶと思う。来週，子どもも連れてきます」と継続的な関わりに同意した。

　母親面接後，担任へ「学校や担任への不満は先生が気にするほど強くないです。母親もSCの相談には賛成しているようなので次週Aさんと会うことになりました」と伝えたところ，ほっとした様子だった。

M：ずいぶん展開が早いなあと感じたけれど，どうでしょう。

発表者：えっ？

M：まず，母親がこの面接に来ることをAさんに伝えてきたのかを確認しましたか？

発表者：いいえ，特に確認していません。

M：その確認は重要だと思います。なぜかというと，Aさんが納得した上で来談したのか，秘密にして来たのか，本当は本人は嫌がっていたのに振り切って来てしまったのかなどを知ることは，母子関係の見立てにつ

◀質問（確認）すること
→ 2-2 p118

ながるからです。

発表者：そういう視点はなかったです……。

M：それに，それを聞くというアクションそのものが，中学生の子どもと親は別の意志を持った人間であるという視点を母親に提示することにもなると思います。

発表者：はあ……，そこから関わりはもう始まっているのですね。それが治療構造ということでしょうか？

M：そうですね。

I：私が母親面接で感じたのは，母親の問題意識の低さですね。強制的に登校させようようという態度よりいいとは思うところもあるけれど，欠席を温かく見守るような姿勢の一方，面接には積極的でSCを利用したいという矛盾した態度を感じます。よくわからないな。本当は心配だけれどそれを否認しているのかな？　そのような素朴な疑問を持ちますね。

発表者：言われてみれば，母親が娘のことより相談室やカウンセリングに興味をしめすことに，不思議というか違和感を覚えました。担任や母親の話をそのまま鵜呑みにして彼女と会おうとしてしまっていたかもしれません。

I：ちゃんとあなたは違和感を覚えているんですね。お母さんの矛盾をとらえている。制服着るのを嫌がる彼女を無理やり行かせたお母さんと，学校に行かないことに妙にものわかりのいいお母さんにも違和感を覚えるんだよな。

M：もう少し考えてみると，次週Aさんが来るということも，母親の考えが主体となっていないでしょうか？　その前に，Aさんにどうなってほしいのかなど母親のニーズをもう少し見極めてもいいかも。

発表者：まずは母親がどんな思いか確かめればよかった

◀発達課題に合わせた対応について話しています。
→ 2-2 p120

◀わからないこと
→ 2-2 p119

◀この違和感（逆転移知覚）は大切です。
→ 2-2 p111

のですね。もっと時間をかけて母親に丁寧に聞けばよかったでしょうか。

M：母親面接が先行する場合に盲点となりやすいですね。AさんにSCと会うことを勧めたらAさんは断らないという確信めいたものや自信のようなものが母親にあったのか。この辺りの確認も必要でしょう。SCとしては具体的にすぐに子どもに何かをしなくてはいけないと思いがちですが、一呼吸おいて対応してみるといいですね。

◀母親面接から本人面接へ導入する際の注意について話しています。

発表者：考えてみたら、母親と私が会うことの影響がありますよね。週に1回の勤務なので、じっくり考える余裕がなく、次の約束をしなければと急いでいたと思います。自分の場合、そういうことが多いかもしれない。どうしても目の前にいる母親が相談主体という認識が持てず、Aさんに早く会って関わりたいという気持ちでいっぱいでした。

I：でも、担任に報告したのはとてもよいですね。先生にもいろいろなタイプがおり、場合によってはSCの突っ走りを嫌がる先生もいるし、丸投げしてくる先生だと「後はお任せ」となる場合もある。どちらも問題があって、現在のところ、最も相談主体である担任がこの経過をどう思うか、何を期待しているのか、何ができるのかを絶えず共有しておいた方がよいでしょう。一緒に抱えるという姿勢で。

◀担任との協働
→ 2-1 p102

発表者：先生は、ほっとして後は任せたという感じだったんですよね。正直言ってそれで仕事ができたと内心喜んでいました。

I：うん。それは短期的にはよかった面もありますが。あなたひとりの腕次第みたいになってしまいますね。やはりその場面は、母親面接で得られたことから、母

親の様子やニーズを担任に伝えて，今後について一緒に考え，他の援助の手を検討する機会にもなったと思う。「先生としてはどのようになさっていきたいですか？」と対話する姿勢が大事ですね。守秘性の問題はあるから，どのように情報を共有していくかを考え，その枠組みをそれぞれに伝えていくのも初期の仕事です。

発表者：母親面接は，すっきりしないもやもやした感じが残ったことが今でも思い出されます。いま考えると，その時の自分は，悠長に構える母親に対してネガティブな感情（逆転移）が動いていたし，かかわると面倒だという気持ちもあったと思います。あと，担任の先生の期待に応えたい，役に立ちたい気持ちもありました。それらが背景にあって，Aさんに会うのを急いだのだと思いました。

◀逆転移の吟味
→ 2-2 p111

■本人面接

翌週，Aは母親に伴われ来室した。小柄で長い前髪で目が隠れて表情が見えないのが印象的だった。うつむき，あきらかに緊張しているAを前にして，私は，「AさんのことはB先生から聞いています。休みが続いてB先生も心配しているよ。先週はお母さんとも話したのだけれどそのことは聞いているかな？」「体調不良と聞いているよ。登校前にお腹が痛くなるのは，何か心配ごとがある場合もあるよ。もしかしたら，学校や友だちのことで困っていることがあるのではないかな？」などいくつか質問をしてみた。しかし，ちらりと顔をあげるがすぐに下を向き押し黙ったままで，私は途方に暮れた。話の糸口を探そうと好きなことを尋ねると，ようやくゲームのキャラクターをあげ，質問に答える形でははにかみながら話した。しかも，母親も「私も好きで一緒にしているんですよ」と口をはさんだ。私が慣れてきた頃を見計らい，「教室入るのは大変？」と尋ねると，かすかに首を縦にふった。欠席の理由は聞けなかったが，この状態ではすぐに教室に入るのは難しいのではないかと思わ

れた。また，まだよくはわからないが，幼い印象や受け答えの様子から，何らかの発達の問題も考えられると思い，先週の母親面接でもっと詳しく幼少時のことを聞いておけばよかったと後悔していた。

　Aに，「相談室でこれから私と話をするのはどう思う？」と尋ねると，母親から催促される形ながらも首を縦に振った。私の勤務日を伝え，翌週の約束をしてその日の面接は終わった。私は，教室に入るのは難しいと思ったが，家にいても母親が甘やかすだけだと思い，相談室が悩みを話したり，登校刺激の場として使えればいいと考えた。そして，ゆくゆくは副校長が進めている別室登校を利用できるかもしれないとも思った。

　母子との面接終了後，担任に「会った印象ではとても幼いと思いました。もしかしたら，発達に何らかの問題を抱えているかもしれませんが，それはまだ断言できません。今後会っていく中で分かっていくと思います。私としてはできるだけ教室に入れるようにサポートしていきたい。また，この休みが続くようであれば母親との相談も考えようと思っています」と報告した。担任は，私の対応にほっとしたようで，私としても今後も彼女とのかかわりを通じ，何らかの役に立てればいいと思った。

M：展開が早いのは先ほども触れましたが，この面接を今はどう思いますか？

発表者：母親に席を外してもらい二人で話すことも考えました。心細そうに母親に寄り添う姿を見て，まずは同席の方がいいだろうと考えたのですが，それも本人や母親に確認した方が良かったと思います。

M：そうですよね。確認しないと，母親と子が分離できないと決めつけてしまうことになります。

発表者：確かにAさんの様子をみて，母親と分けて面接するのは無理だろうと決めつけていたかもしれません。私も彼女を子ども扱いしていたのですね。

M：これは，Aさん親子のような関係がすでにあなたとAさんとの間でも転移として生じていると捉えることもできます。セッティングでは，こちらが提供した枠

◀関係性の反復
→ 2-1 p93
→ 2-2 p117

に対するAさん親子の反応をみて，今後の対応の可能性（たとえば母親面接だけとか，Aさんのみ面接していくとか，母子並行面接とか）を考えていくことが大切ですね。

◀面接をセットアップする際には，関係性（転移・逆転移関係）を見る視点が大切です。

Ｉ：聞いていて思ったのは，あなたはAさん母子に会っているけれど，担任の役に立ちたい，担任のためにという気持ちで動いている面があるのではないかな？

発表者：そういう気持ちはありました。学校で働いている以上，学校の役に立たなきゃとは思っています。

Ｉ：SCとしてそういう気持ちはもちろん持つと思うけど，そこを意識化しないと，相談主体と面接主体がずれたまま対応していくことになってしまいます。Aさんを教室に入れるようサポートしていこうとあなたが思っていることは，担任の不安を緩和したり，母親の要望に応えたりするための焦りのようにも思ったんですよね。これだと，Aさんのお腹が痛くて行きたがらない（という形であらわしている）心痛が取り残されている可能性があると思います。

◀相談主体と面接主体
→ 2-1 p103

◀心痛→ 2-1 p92

発表者：え〜と，それは，私のかかわりが，お母さんや担任の期待を満たすだけになってしまって，本人のニーズを掬い取っているものではないということですね。

Ｉ：そうそう。ここで起きていることは，役割的に先生やお母さん側に同一化する逆転移の行動化としてとらえることもできますよね。そうすると今後，Aさんがカウンセリングに対してお腹が痛くて来られないということもあり得るという読みです。

発表者：でも，本人は来ることには積極的という手ごたえがあったのです。

Ｉ：うん。表向きはそうかもしれないね。あるいはこころの一部はそうとも言い換えられるかな。周囲に合わ

せるAさんはいるわけだが，それだけで見立てはいいのか，という問いは残る。目の前にきてはいるけれど話さないことなど，戸惑うAさんもいるのではないかな。さらに言えばもっと拒否的なAさんの部分とか。

M：担任や母親に対する焦りもあるけど，一方で，あなたはAさんと会って途方に暮れる感覚や，急な母親面接の設定に戸惑いを感じたことを素直にレビューしていますね。そうした率直な感覚は臨床において大事であり，何が起きているのかを考える手がかりとなりますが，どうでしょう？

◀逆転移を関わりにいかす。
→ 2-2 p119

発表者：私も，どうすればいいのかと困ってしまいました。母親も一緒だし，その前で彼女は黙ったままだったのでとても気まずくて。今考えると，Aさんも急に会うことになって戸惑っていたかもしれません。

M：そう考えると，彼女の言葉少ない反応は，たんに彼女の幼さというよりも，よくわからないうちに物事がどんどん展開していることに対するごく自然な反応でもあるかもしれません。また，あなたが戸惑いを感じたということは，何か自分の中でひっかかるものがあるというサインなので，そうした感覚を抱いたときは，何が起きているのかを吟味していくとよいと思います。

I：そうですね。あと，"幼い"という見方に関しては，「発達の問題」と言っているのは何の発達のことを言っているのでしょう？ 発達障害？ 発達課題？ この問いは大事だと思います。年齢に比して幼い印象があるからといって「発達の問題の可能性がある」と担任に報告するのは少々乱暴に聞こえたのだけれど。

◀レッテル貼りの危険性について話しています。

発表者：発達障害と決めつけたわけではなかったのですが，「発達の問題」といったことで，結局はそう捉えられてしまったかもしれません。母親の幼児に接す

るような態度や，それを当然と受け入れているAさん，二人が密着している様子，あと視線も合わせないで避けようとするところなどが，発達の問題があると感じた感覚の正体のように思いました。

I：なるほど。そのように詳細に伝えるのと「発達の問題があるかも」ではずいぶん伝わり方が違うように感じますね。Aさんの場合，小学校から中学になるという変化についていけない，母親との分離の問題が，中学に入った時，思春期に再燃したのだろうかという見立てが深まりますね。心理的な問題の場合，そうである視点を提示し，共有する感じが大事。安易に発達の問題といってしまうと彼女をこれ以上理解するのを妨げてしまう危険もあるし，複雑な問題をレッテル貼りすることで考えることを止めてしまうことになってしまう。とはいえ，単純に心理的な問題とせずに，他の可能性も考えていく広い視点が必要な時期ですね。

◀生物−心理−社会的な視点からのアセスメント
→ 2-1 p93

発表者：母親やAさんを前にしての私のとまどう感覚も大事だし，発達障害の可能性があるのだとしたらその発達段階のアセスメントも大事。それら両方のアセスメントが継続的面接を始める前に必要なのだと実感しました。あと，さっきは言わなかったんですが，私の中で，お母さんからAさんを引き離したいような気持ちが強くあったようにも思います。

I：なるほど。分離の問題をあなたなりにどこかで感じていて，あなたの行動化が起こったともいえますね。そのあたりをまずはAさんと話し合って，Aさん自身が自ら主訴化し，共有して来られるように面接を整えていくプロセスが大事だと思います。なし崩しではなく，面接1期に至る0期の仕事を丁寧に行っていく必要がありますね。

発表者：私はとにかく生徒をどうすればいいかということばかりを考えてしまっていたのがよくわかりました。正直言って、この短い1回の面接の中でこんなにもいろいろな関係性や対応が見えるものとは思っていませんでした。こうやって細かく見ていくことで、うすうすは感じていた、母親との分離というテーマが浮かび上がってきました。

M：もう少し言うと、それは、世話をする／されるというAさんの母子関係が、Aさんと担任、そしてあなたとの間でも起きていたということですね。こうした転移関係についての見立てがあったうえで、まずは世話をするという関わりを意図的にするならばよいですが、無自覚ならば単なる関係性の反復となってしまいがちです。

◀無自覚な関係性の再演には注意が必要です。
→ 2-2 p119

I：今日は発表してみていかがでしたか？

発表者：まず何より、生徒と面接を始める以前に、大事でもっとやれることがあるとわかりました。SCとして学校から期待されていることや教員との関係性など、日々漠然と考えてはいるものの意識的に考えて行動する習慣がまだまだ足りないです。どうしても問題となっている生徒にばかり目が向いてしまう自分の傾向がわかったので、相談者や、関係者との間で何ができるかをアセスメントしながら、一呼吸おいて、本人と関わっていくことを今後は意識したいです。

M：一呼吸おくということは大事なことですね。

ケースの解説

■アセスメント

　新旧入り混じった住宅地が校区という特徴もあってか，この学校では非行と不登校が混在し，問題となっている。しかし，学校組織は非行問題への関わりに手一杯で，不登校の問題は後手に回っている状況である。スクールカウンセラーは，教育委員会の方針もあり，不登校問題へ関わりたいと考えているが，学校組織には十分に定着しておらず，不安と焦りを抱え，職場はまだ耕しの段階にあると言えるだろう。そんな中，男性教諭より，連続して5日間休んでいる女子生徒Aさんのケースが依頼された。その背景として，組織の水準では，学校からのSCへのテストという意味合いがあり，個人の水準としては，若い男性教諭の女生徒への苦手意識と対応の不安によって専門家に任せてしまいたいという焦りが推測される。

　一方，Aさんの母親は娘の状態についての不安を否認しており，その背景には自分もそうだったからと娘と同一視する傾向があるようだ。Aさん自身もやや退行している状態がうかがわれた。このことから，中学校入学という環境の変化に対応しきれない問題があり，その背景には母子分離や母子境界の問題がありそうだと見立てられる。症状も腹痛という身体化であり，Aさんの自律的な情緒は見えにくい。それが思春期の発達課題である親からの心理的自立と捉えうるのか，より幼児期的な分離の問題を抱えていると捉えるかという心理的発達段階の見極めが重要となろう。

■マネジメント

　SCとして学校組織に入った際には，まず地域と学校という場のアセスメントをし，場を耕しながら学校組織に馴染んでいく。問題が持ち込まれた際，まずはそれを持ち込んだ人を相談主体と捉え，ニーズや背景を把握することが大切となる。個人面接導入の前に，学校でAさんと関わりがある人物を見極め，情報を集め，学校が元来持っている資源を最大限活かす支援の枠組みや共通認識を関係者で作り上げていくことが優先となる。担任のクラス運営についての助言，クラスメイトや部活の友人などの協力の可能性，担任が不安なく中心となり関われるような体制づくりとして，養護教諭や学年の他の教諭が協働する体制の構築などがあげられ，それぞれがコンテインメント機能を発揮する集団になるよう

促進する。

　そうした学校のマネージメントを行った上で，母親の状態の見極めと母親コンサルテーションという段階を踏み，関わりの必要性を検討した上でAさんへの個人面接を導入することが望ましく，その場合も守秘義務の構造を作り，学校側へのフィードバックを忘れずに行っていく。

　また，分離の問題をもっているとみなされるAさんと関わるにあたり，Aさん自身の主体的なニーズを明確にすることが重要で，初期のうちは退行促進的にならないよう，成長を促進する関わりが求められよう。

●この章のまとめ

　学校という場は教育現場であり，教育や指導を行う役割と文化をもつ場に心理職が入ってゆく構造と言えましょう。そこは地域の特性や行政の特徴などが反映されて，運営されている集団ととらえることもできます。そのため，まずはその集団の動きを力動的に把握することが最も大切な仕事となります。さらに，学校がもっている特徴や資源を見極め，活用しつつ，心理士としての視点や立場を見失わず，浸透させていきます。

　その際に重要なのは，力動的な見立てとそれを伝える言葉です。それは，生徒に生じている問題や症状について，その背後にある葛藤や，感情，さらには生徒やその家族が抱えている発達課題や心理的テーマを学校組織にコンサルテーションすることです。そのことによって集団は落ち着き，組織内で生徒への関わり方の方針を考えていけるようになるのです。また，個人療法においても，学内の構造であるという認識を持ち，その影響を考え，学校側に報告やフィードバックをしていくことが必要です。それが教職員の不安や心配，SCに対する不信感を和らげ，学校のスタッフとして信頼されてゆくプロセスとなるのです。

コラム―初心の臨床家に伝えたいこと，そしてお薦めの1冊 ❷

まずどういうところに着眼するか

成田 善弘

　精神療法をする精神科医として，患者あるいはその家族と出会ったときにまずどういうところに着眼しているかを，自分の経験をふり返って述べてみたい。

　第一には，身体疾患を見逃さないように注意する。たとえばうつ状態の背後に悪性腫瘍や膠原病や内分泌疾患などが潜んでいることもある。薬剤によるうつ状態もある。これらを見逃していると，場合によっては生命の危機すら生じる。もちろん身体疾患があるから精神療法の適応でないとするわけでは必ずしもない。身体疾患の発症や増悪に関与しているかもしれない心理社会的要因を明らかにするのに，また患者の悩みや苦しみをいくばくなりとも和らげるのに精神療法が役立つこともある。

　その次には，他職種への紹介あるいは他職の応援が必要かどうかを判断する。他科医に紹介しなければならないとか，ソーシャルワーカーに加わってもらいたいとか，弁護士に相談した方がよいとか，児童相談所とか役所の福祉に行ってもらった方がよいとか，場合によっては警察に相談する必要があるかもしれない。こういうときのために日頃からさまざまな職種の信頼しうる紹介先を見つけておくことが必要だが，これがなかなかむずかしい。相手からも信頼してもらわないとうまくゆかない。

　精神療法に導入するかどうかを判断するには，患者が治療者と同盟して診断の過程や治療に協力しうるか，また自分の問題を内的，心理的なこととのかかわりで理解してゆくことができるかどうかを見定める。とくに精神分析的心理療法に導入するにあたっては，患者が必ずしも意識的でなくてもよいが，精神力動やパーソナリティの変化を望んでいるのかどうかを評価することが大切である。初回面接ではまずこのくらいのことに見当をつける。

　お薦めの一冊はナンシー・マックウィリアムズ著『ケースの見方，考え方――精神分析的ケースフォーミュレーション』（成田善弘監訳，湯野貴子・井上直子・山田恵美子訳，創元社，2006）である。私が翻訳に

かかわっているので紹介するのにちょっと気が引けるが，実によい本である。著者は精神分析的方向づけをもつ臨床心理学者であるが，精神分析家にとってだけでなく，精神的な苦しみを抱えた人々の個別性を忘れることなく一人ひとりの心を理解しようとする治療者にとって，学ぶところの多い本になっている。

3
児童養護施設のケース

事例発表者：20代後半，臨床歴2年の男性臨床心理士

●この章のねらい

　養護施設，乳児院などの福祉領域は，私たちが働く職場として広がりつつあります。子どもの多くは虐待や分離などの強い精神的な痛みを抱えていることが多いでしょう。また，このような施設では私たちも生活場面を共にすることが多く，クライエント，スタッフとの濃密な関係性があることも特徴となります。さまざまな問題は個人と集団の力動の中から生じてきます。心理職として場に溶け込みながら，どのような専門性を発揮していくといいのでしょうか？　またその際，個人面接とのバランスやスタッフや子どもたちとの関わり方はどのようにしていくのがよいのでしょうか？　応用的でやりがいのある最前線での働き方を考えてみましょう。

ケースについて

■勤務状況
　常勤の心理療法担当職員として当施設に10カ月前に入職

■施設の概要
　社会福祉法人が経営および運営をする中舎型児童養護施設。園内には寮棟が2棟あり，5つの学童寮と2つの幼児寮に分かれている。その他，調理・食堂棟，管理棟，職員寮棟がある。園外に2つのグループホームを併設している。職員はケアワーカー（保育士，児童指導員），栄養士，調理師，嘱託医，心理療法担当職員。ひとつの学童寮には13〜14名の児童が生活しており，ケアワーカーが4名配置されている。心理療法担当職員の業務は，①個別心理療法，②生活場面面接，③直接指導職員

に対する助言および指導，④処遇会議への出席，とされている。当園では，園長の方針で積極的に生活場面に入って行くことが求められており，各寮をまわって一緒に食事や学習をしたり，児童と一緒に行事の準備や運営の手伝いをすることもある。

●ディスカッション

岩倉（以下Iとする）：心理療法職員というのがあなたですよね。この①から④というのは法律で決まっていることなんですね。他の職員はあなたの役割をどの程度知っていて，それは浸透しているんでしょうか？

発表者：一応知っているとは思いますが，どんなことをするのかは浸透しているとは言えないと思います。

I：実践しながらだんだんと浸透していく耕し過程なのですね。こうやって役割が規定されているといいとも言えますね。ただ，それだけでは足りなかったり，周知してもらう過程が大事になりますね。園長の溶け込む方針はあなたにとってどうですか？

◀職場の耕し過程の程度を確認しています。
→ 2-1 p98

発表者：心理療法の構造だけじゃなくて，普段の場面でも会ってしまうとか，会った時にどう対応するのかというのは迷うところです。心理療法で役に立ちたいけど，心理療法だけだと，周りの職員の人に何をやっているのかわからないっていうところもあって，普段の生活場面でも何か役に立ちたいという気持ちもあります。

I：あくまでも心理職として日常生活場面に関わる姿勢が大事だと思います。

発表者：まだそれは全然できていないと思います。一緒に配膳の手伝いをしたりという時にはその作業に集中

しちゃう。

湊（以下Mとする）：施設でどのように過ごしているのかもう少し詳しく教えていただけますか？

発表者：日に，多くて２〜３ケースの心理療法をしています。後は大体生活場面に入って，一緒に子どもと遊んだり，勉強を教えたりしています。週に１度のスタッフ会議に出席して，担当している子どもに関しての報告をしたりします。

M：前任者はいたのですか？　他に心理士はいるのですか？

発表者：私の前任者は女性の臨床心理士で，妊娠をして退職されました。きちんとした引継ぎの機会がありませんでしたので，私は，ほとんどこの職場に関しても子どもたちに関しても情報がないまま仕事を始めました。現在心理職は私一人だけです。

I：あともう１つ。他の職員間の関係とか全体の組織の健康度・機能水準はどうですか？

発表者：園長がちょっとワンマンで……悪い人ではないけど理想主義的で，職員からの現実的な問題提起に対応しきれてない印象があります。職員には不満があるように見えます。

◀組織の健康度・機能水準などのアセスメントをしています。
→ 2-1 p99

I：子どもたちの食べる態度や遊びなど日常場面で見えてくることを心理士の視点を言葉にしてスタッフにフィードバックしていくことで，どういう視点で物事を見る人かということを示していくことになると思います。そこでは，当然，今あなたが話したような職場の集団力動を見極めていくことが大切ですね。

◀コンサルテーション・マネジメントについて触れています。
→ 2-1 p100

M：それでは事例について話してください。

■事例
　A君　小学校3年生

■施設入所の経緯
　小学校1年生（6歳）時，たびたび家の外で一人で泣いているところを近所の人が目撃し，児童相談所に通報。継父や母親からの，身体的虐待，ネグレクトが疑われた。児童相談所の一時保護を経て，児童養護施設入所。

■児童相談所からの申し送り（資料より）
　母親は20代後半。高校卒業後上京。アルバイトを転々とする中，20代前半の時，飲食業アルバイトで知り合った年上の店長と結婚。すぐにAを身ごもった。Aが生後2カ月の頃から夫の暴力が始まり，母親は精神的に不安定となり心療内科を受診した。Aが8カ月の時に離婚し，Aと母親は実家に戻ったが，母親は実母との折り合いが悪く，Aが1歳4カ月の時に実家を出て再度上京し，友人宅に泊まり込み，飲食店でアルバイトをしていた。Aが2歳3カ月の頃アルバイトで知り合った客と親密になり妊娠。そのまま同居を始め，やがて結婚。弟が産まれた（Aは3歳3カ月）。そのころからしつけと称して継父が手をあげるようになった。さらにAが6歳の頃，妹が生まれ，そこから継父のAに対する明らかな暴力が始まった。
　児相介入当初は，両親とも，Aを厳しく叱ることはあると認めるも，暴力は否認していた。しかし，Aの話や両親の様子から，身体的虐待やネグレクトが強く疑われるため，児童相談所はAを一時保護。保護中の職員との面談で徐々に母親が継父のAへの暴力を認めるようになった。親子分離は必要と思われたが，虐待からの保護目的での施設入所は両親，特に虐待を認めていない継父とのコンセンサスが取れなかった。しかし，たびたび母親が自分の精神的不安定やAの養育困難を訴えていたため，児相職員が，母親を休息させるためと継父を説得し，Aを当施設に入所させることとなった。

■Aの住む学童寮
　13名の児童（男児7名，女児6名）。最年長は小学校6年生の男児。Aの下には小学校1年生の男児が2人と小学校2年生の男児1人と女児2人がいる。4名のケアワーカーのうち40代前半の男性Bが主任職

員をしている。ほか3名の女性ケアワーカーがいる。母親は2カ月に1度職員と面談をしており，そのあとAと数時間一緒に過ごすことになっている。

■問題の経過（施設の記録より）

Aは入所当時こそ周りの様子を窺うようにおとなしかったが，すぐに職員や同室の児童によくなじみ，明るく人懐こい様子を見せるようになった。しかし，3カ月もすると，職員の注意を聞かず，気に入らないと反抗的な態度を示すようになった。小学2年生になり，些細なことで怒り始めると手が付けられなくなった。また年少児に対しては，職員のいないところで暴力をふるったり，脅したりしているようだった。そのことを注意しても上の空で，うそをつくことも多く，職員は対応に困っていた。ここ1年ほどは女性職員に対して過剰な甘えを見せ，身体的接触を頻繁に求め，胸を触ったりすることもあった。Aのしつこさは女性職員に不快感や恐怖感を抱かせるほどになった。ある日，Aがいじめていた年少児をかばった女性職員Cに対して，目の色を変えて何度も蹴り，Cが「もう仕事を辞めたい」と言い出すまでとなる出来事があった。Aについてはたびたび会議の場で問題となっていたが，事態の深刻さから緊急会議が開かれ，このままではAの甘えと攻撃がエスカレートするばかりで職員も疲弊してしまうという危機感から心理療法が導入されることが決まった。

■心理療法の導入まで

私はAと生活場面で何度か言葉を交わしたことがあった。最初に会った時にAは，私に近寄って来て「何歳？　どこに住んでるの？　仕事何してるの？」と人懐こくあれこれと聞いて来た。年齢にしては小柄だが，元気でかわいらしい男の子という印象だったので，会議の場で問題になるAの様子とはギャップを感じていた。心理療法が導入されると決まった会議では，職員の間で切迫した雰囲気があり，私はこの状況を心理療法でどうにかできるのかと不安を感じた。と同時に，もう少し早く心理療法が導入されればよかったのではないかとも思った。担当主任職員Bに話を聞くと，Aには確かに以前から暴力的なところはあったが自分が話をすれば何とかおさまっていたと言い，あまり積極的な介入の必要性を感じてこなかったようだった。

I：まず思ったのは今回の問題の１つはＣさんが辞めたいって言い出したところにあるのかな，そこが堤防が決壊しているところではないかということ。もちろん裏にＡ君がいるんだけど，そこがこの時点で当面苦しんでいる相談主体ではないか。まずはＣさんへの介入が浮かんだんですがいかがですか？

発表者：今考えればＣさんのケアっていう選択肢もあったと思うんですけど，会議で心理療法が導入されると決まったというのもありますし，被虐待児には心理療法をという流れもあって，すぐに本人に心理療法をと動いてしまったかと思います。私がとにかく心理療法をしたいというのもあったと思います。

◀相談主体は誰かを見極めています。→ 2-1 p103

I：先生のできることは限られているとは思いますが，Ｃさんにどんな経緯だったのかっていうことを冷静に聞いて，受けとめて，それをねぎらうなどＣさんのケアをしながら，情報を集めていくことができたかな。何が起こったのかＣさんもスタッフも全く分からないまま暴力にさらされている。Ｃさん，および集団へのコンサルテーションとケアが施設の心理士としてできるといいなと思いました。Ａくんが水源だというのは間違いないですが，痛んでいる堤防を強化したり，ケアしたりという視点は０期の治水として大事かなと思いました。

◀このようにコンテイナーを配置します。→ 2-1 p103

◀治水の過程→ 2-1 p101

M：あなたなりにアセスメントしているところはあると思いますが，会議で話されていたＡ君の様子と，あなたが観察したＡ君の様子にギャップがあること，Ｃさんと主任のＢさんとの間でも反応にギャップがあるということですが，このギャップをどのように考えますか？

発表者：女性職員に対する態度と男性職員に対する態度とが違うっていうのは思い浮かびました。あと、これはちょっとわからないんですけど、主任BさんとCさんの関係があまりうまくいっていないなと思っていたところもあって。普段から会議などで、Cさんの訴えをB主任が重く受け止めていなかったり、今回のことに関しても主任の口ぶりはCさんの反応がちょっと大げさだという感じで、2人の間にズレを感じました。

M：そうすると、A君の問題だけというよりも、周りの職員がA君をどうとらえるのかで齟齬というかギャップみたいなものがあると考えられるということでしょうか？

発表者：たぶん、男性と女性との違いも関係しているかなと思いました。

M：男性職員のあなたはその違いをどう思いましたか？

発表者：たぶん女性職員が感じているような恐怖やしつこい感じの不快感を私は感じていないだろうと思いました。

M：ところで、どうしてあなたはこのケースを検討しようと思ったのでしょう？

発表者：まだ担当しているケースは少ないんですけど……。できればもっとやりたいと思っているんです。虐待のケースが多いので……あと、この寮棟の人間関係がほかに比べてちょっと複雑そうだなっていうのを何となく感じていたんですけど、それがどういうことか整理したくて。

I：何か先生がちょっと違和感を感じている。それが分かってくるといいですね。今わかったのはスタッフ間に齟齬があって、その中で心理療法をお願い、と投げられたという状況があり、加えて先生にも心理療法を

◀分からないこと、違和感という逆転移の吟味をしています。
→ 2-2 p119

やりたいっていうニーズがあるので，それに乗ってしまったところもある。その中で始まったというのがわかってきましたね。もうひとつ，この日Ａ君が年少児をいじめて，そのあとＣさんを何度も蹴ったということですが，何かあったんですかね？

▶スタッフ間の関係も治療構造の要素です。
→ 2-3 p131

発表者：後でわかったことなんですけど，この日はお母さんが面談に来て過ごした後だったんです。

Ｉ：そうだったんですね。お母さんは２カ月に１回，ちゃんと来ているんですか？

発表者：来たり来なかったりですね。でも全然来ない子もいる中ではまあ，来るほうかなと思いますね。

Ｉ：暴力をふるった日っていうのはお母さんとの面会の後ですよね。この時Ａ君に何かあったんじゃないかなって。それがあなたや職員の中でもつながっていないのかなって思ったんですけど。

発表者：そこで何があったかっていうのは，Ａ君にも聞いてないですね。ああ，でもその日は弟を連れてきたかもしれません……。

Ｉ：それは大事な情報ですね。Ａ君にとっては辛い状況だったのでは。

Ｍ：今の流れでいうと，女性職員には男性職員には見せない反応を見せるとか，お母さんとの面会の前後でＡ君が情緒不安定になるとか，そういう理解をスタッフ間で共有することが，心理療法より先に必要な作業かもしれないですね。まったく会いに来ない親よりも会いに来るだけましという単純な思い込みよりも，必要な理解がありますね。つまり，不安定な面会というのは，会いにこないよりもよくない影響を及ぼす場合もあるという理解です。

▶理解を共有するコンサルテーション
→ 2-1 p102

Ｉ：この子の成育史にある不安定さ，一緒にいたかと思

えば弟ができて離れてしまったりと，それが彼の心痛であり，彼としては面会も辛かったでしょうね。急にぱっと見捨てられるような世界にいるし，彼が職員に対してみせる愛着と反抗の混在した態度も，その反復なのかなと思いました。

M：これまで職員に対する対応について検討してきましたが，資料をもらった段階で，なぜ今A君の問題行動が起きてきたのかなどの見立てや仮説などは考えましたか？

発表者：見捨てられ不安の強い成育歴の影響……があるのかな……。父親対象との関係性が難しいのかなと思いました。ですので，自分がそういう対象として機能できるかなとか……

M：父性的な対象の欠落が問題だと考えたということですか？

発表者：お母さんとの愛着の問題もあるかなとは思いました。

M：愛着と言ってしまうと，こういう環境の子は大なり小なり愛着の問題があるかと思うのですが。

I：A君に特異的にどんな問題があるかを考えるのが大事ですよね。小さいころに早いうちにお父さんがいなくなって，お母さんもすごく早くにできちゃった婚。また上京したらすぐ男ができちゃって，そのうちに弟が生まれて捨てられて，と喪失と剝奪の連続。

発表者：ああ，すごく安心できない環境にいたのかなっていうふうに感じました。

I：0歳時の実父のDVも問題だと思いますが，特に弟が生まれ，さらに妹が産まれての暴力のエスカレートがありますよね。心理的には，継父にとっての実子が産まれて，お前はいらないみたいな体験が想定されま

◀反復され，再演されることからクライエントの心痛をアセスメントしています。

すよね。

発表者：Ａ君にとっては，弟はとても複雑な気持ちになるような存在だろうなと。

Ｍ：そうすると，年少児への暴力はそのことと関連があるかもしれないですね。

Ｉ：だからその年少児をかばったＣさんは，母親，もしくは継父であるかもしれないくらいＡ君にとっては怒りの対象で，彼が攻撃者となってＣさんに何度も蹴りを入れたっていう……。意外に人懐っこいっていうところと目の色を変えた暴力っていうギャップもすごく大事。そういう生活を彼は送っていたことが投影同一化されている。つまり，甘やかされているかと思えば目の色を変えた暴力を突然ふるわれてきた。それを今Ｃさんが体験させられているっていうことが起こっていたのかもしれないですね。ところで，男性の主任Ｂさんはどういう対象なんでしょうね。怖いから従っているのか，信頼しているから従っているのかどちらかな？

発表者：どちらかというと怖いからっていう感じです。ちょっとぶっきらぼうな感じの主任さんなので。

Ｉ：そうすると継父を恐れるみたいな感じで，陰で年少児をいじめている。男性を迫害的な意味で恐れているっていう感じなのかもしれないですね。今この場で考えたような理解を職員にフィードバックできるとずいぶん変わりますよね。

Ｍ：さあ，実際この後Ａ君と会うんですね。

■初回面接

　居室に迎えに行くと，女性職員Dと何かを話している様子だった。私が名前を呼んで声をかけるとすぐに飛んできて「今日から僕もしんりでしょー。どこどこ？　はやくー」と大げさにはしゃいで見せた。パタパタと走って部屋の前につき，私が少し遅れて到着した。

　Aはプレイルームに入るとおもちゃの棚にかけより，次から次におもちゃを触り始めた。私が椅子に座るように伝えても，私の言葉は耳にはいらないようで，なかなか席につかず，落ち着かない様子で部屋の中をぐるぐると回った。私が動き回るAをとにかく座らせようと腕を引くとびっくりした様子で「なに？なに？」といった。

　私が面接の枠組みを伝えようと「これから僕とA君はここで決まった時間に会っていくことになるから，まず今日はその説明だよ」と伝えると，目をじっと見ながら聞き，素直に従った。椅子に座って向き合うと，落ち着かない様子を見せ，視線を部屋のあちこちに向けていた。私は自分が，一緒に話したり遊んだりしながらこころや気持ちのことで相談に乗る人であることを伝えた。彼は足をぶらぶらさせ，「わかったわかったー」とふざけた。私はここでのルールを話し，週に1回"しんり"を続けることを伝えた。

　それから，「しんりすることになったのは主任のBさんから聞いたの？」と聞くと，Aは「そうだよ」と答え，「E君もF君もしんりしてるでしょ。F君はすぐにしんりをしたのはなんでなの？」と同じ寮で生活をしている他児について尋ねた。私はAがほかの子が入寮してすぐに心理療法が導入されたことを気にしているのに驚き，「他の子たちがここに来ていることが気になるんだね」と言うと，Aは椅子からずるりと滑り落ち，床にお尻からぐにゃっと座りそのままテーブル下にもぐり，反対側から這い出てきた。にやにやと笑っているAにもう一度椅子に座るように促したが，Aはおもちゃの棚に走っていき，あれこれと手に取りながら，「なんだこんな人形気持ち悪い」などと言って乱暴に棚に戻したりしていた。

　私は，心理療法が導入されたことを彼がどう理解しているか聞きたかったが，何かを言おうとしても，彼はお構いなしに部屋を動きまわった。私が座って話すことを諦めて近づくと，彼は窓のカーテンにぐるぐる巻きになり大声で笑った。それからすぐに出てきて「カーテンがくさい。きもち悪い！」と言ってまたおもちゃの棚に向かった。

　すぐにカードゲームを見つけるが，2～3分いじって興味を失ったよ

うに他のおもちゃを探しに行った。「面白いのがないじゃん」「みんななにしてんの？」などとぶつぶつ言いながら棚からピストルを見つけ，こちらに銃口を向けた。私ははっとして言葉に詰まり，なんとか「怖いよね」と言うと，彼は銃口を向けるのをやめ，棚に戻した。そして「じゃあゲームしようよ」と，またカードゲームやボードゲームを出したりしたがイライラした様子で床にゲームのパーツを散らかすだけだった。

終了時間5分前になったので片づけをすることを何度か促すと，やっとおもちゃを片付けた。終了を告げ，次回の予約カードを渡すと，ぱっとそれを取り，突然ドアを出て全速力で自分の寮に帰って行った。

後日職員Dに話を聞いたところ，初回面接の後，寮に戻ったAは急に甘えてきたとのことだった。

Ｉ：生活場面で会っているあなたが，急に"しんり"の人になって会ったわけですがどうでした？

発表者：そうですね。自分としては構造が違うっていう意識があるんですけど，それがA君にどう映っていたかは考えていませんでした。

Ｉ：普段勉強を教えてくれたり，ご飯も一緒に食べているあなたが，心理療法を始める。心理の説明をしたのはよかったです。さらに，その役割の変化やズレを共有したり，どのように感じたかを話していくとよいのでは。

発表者：確かに心理面接をしている子に普段どう会っていくかっていうのは自分にとって問題になっています。もうちょっとA君にここの構造の違いっていうのを伝えたほうがよかったなと思います。

Ｉ：それをしないと，生活場面での遊びと，心理面接のバウンダリーがなくなって，遊びと心理面接が混じってしまう。そこを丁寧に考えるのが治療構造論ですね。

Ｍ：心理が導入されたことをA君がどう思うか聞きそび

◀非意図的に存在する治療構造を認識し，そこに起きてくる関係性を見ていくことが大切です。
→ 2-3 p126
→ 2-1 p96

れてしまったということですが，あなたは彼の行動を見て，どんな思いで来たと想像しましたか？
発表者：暴力をふるった後だったので，何か怒られるんじゃないかと思ってるんじゃないかと想像しました。
M：B主任から，どういう説明を受けて来たのかは確認しましたか？
発表者：そこは聞いていないです。
M：彼にとっては，心理の人やB主任が自分のことをどう思っているのかは知りたいと思うので，彼に対する明確な説明は大事ですよね。主任とあなたとの間では，A君が暴力を振うから心理療法を導入しようという了解があるけれど，それをA君は知っているのか。理由が曖昧なままだと，彼の大人に対する不信感は持続したままで，結局は自分の暴力に対する罰なのだという思いが彼の中に生じると思うので。だからこそスタッフ間で事前に，A君に何をどう伝えるのかを共有しておくことは大事ですね。

◀面接の目的を共有していくことが治療同盟になります。

I：他の子が心理をやっているのを気にしているっていうのがあったけどこれはどう思いましたか？
発表者：そうですね。やっぱり，彼の本当の兄弟はお母さんのところにいるっていうのとつながっているのかなと思いました。
I：あなたが「ほかの子のこと気になるんだね」っていったのは図星で，ぐにゃりとなっちゃった。そこからプレイがなんか不安定になってますよね。そのあたりは彼の心痛に触れたかなっていうのがあって，カーテンにぐるぐる巻きになってくさいとか，陰性の怒りや不満という暴力につながるものが見えてるかなという気がしました。
M：ピストルを向けられた時に，あなたは「怖いよね」

と言ってますが，実際に怖いような感じがしましたか？

発表者：そうですね。実際にピストルを向けられて，まずは自分がどきっとしたほうが強かったかもしれません。いま思えば彼も怖かったんでしょうけど。

M：彼が怖かったと言うのは何が怖かったのでしょう？

発表者：その時は自分が怖いっていう感じだけでしたが……今，精神分析的に考えると彼の怖い思いの投影なんでしょうけど……。

M：彼が投影している怖さとはどのようなものだと思いますか？

発表者：そうですね。急に見慣れない環境に放り込まれた怖さと落ち着かなさ，ここはいったいなんなんだ，お前は誰だっていう怖さかなと思いました。

M：それもあるかもしれないですよね。もし今のような理解があれば，こんなふうに伝えてみてもよかったというのはありますか？

発表者：えっとー。何をするところかわからなくて怖いんだねっていう感じでしょうか……。

M：そうですよね。初めての場所で今までになかった状況で会う怖さ，不安に対して，初回で触れても良かったでしょうね。突き詰めれば，継父がどういう人かわからない，環境が見知らぬものに変わっていくという彼の生い立ちとつながってくると思うのですが，今ここでの体験としてとらえることはセラピーでは大切ですよね。

I：でもピストルを向けられた時に，「やめてよ」とか「怖いよ」っていうんじゃなくて，「怖いよね」っていったのはよかったなって思います。彼の怖さを理解して伝えている。これは彼に入ったし，だから銃口を向

◀介入によって変化が生まれるかどうかによって心理療法可能性をアセスメントしています。

けるのをやめられたのかなって。彼の気持ちを受け止めると収まる子なのかなって感じました。そこで「やめて」とかっていうともっとやりそうな感じがしますよね。ここで「怖いよね」でふっと止められたっていうのは，エスカレートしない彼がいる兆候かなと思いました。心理療法可能性としても言えるでしょう。もっと破壊的な暴力を繰り返す子もいると思うけど，それだけじゃない子ですね。このあたりの見立て，欲求不満耐性や，介入への反応も今後のコンサルテーション・マネジメントに大事な情報ですよね。終わった後，Dさんに甘えたっていう情報も，暴力ふるうよりもいい感じですね。

◀コンサルテーション・マネジメント
→2-1 p102

M：なぜDさんに甘えたんだと思いますか？

発表者：うーん。そうですね……。なんだろうな……。不安に思ったから？ 依存欲求を掻き立てられたんでしょうか……。

M：彼が部屋を退出するとき，カードを奪い去るような反応になったのはどうしてだろうと思いますか？

発表者：さよならするのが苦手なのかなと思いました。

M：彼が走っていく姿を見てあなたはどんな気持ちになりましたか？

発表者：悲しいというか。ぽっかりした気持ちというか。急にいなくなっちゃったみたいな……。そっかー。彼がそう思ってるんですね。お母さんが帰るときに……。

M：そういうふうに連想して，理解してみることができますよね。

I：お別れが苦手っていうのはありますよね。じゃあね，ってちゃんと言えない。ちゃんとお別れできずに女性職員に甘えるっていう感じ。それを考えると面白いですよね。

M：このあと，面接のことに関して誰かと共有しましたか？

発表者：今後こんな感じで会っていきますっていう構造のこととか……あと，ほかの子のことを気にしていたので，それはたぶん自分の兄弟のことを気にしていることとかかわっているのではないかとか，主任に伝えました。

I：ひとつ気になるのは守秘義務の設定をどうするか。方針としてどうしたいですか？ 面接の中で起きたことを職員に話していいのか。そのことをどうA君に伝えるのか。

◀守秘のマネジメント→2-1 p102

M：職員はどういうことを知りたいのでしょうね。A君の暴力がエスカレートするのかどうか，A君の行動化をどのように理解するのかとか，いろいろとあるかと思いますが。

発表者：年下の子に暴力をふるう理由と，Cさんに暴力をふるった流れを会議などで説明できるといいかなと思いました。面接の中で彼の気持ちに添うと，攻撃性がコントロールできたところから，心理療法の効果の可能性も伝え，普段の対応なども話し合ってみたいです。

I：それができると，心理療法のみならず，あなたがいい仕事したってなると思うんですけど。だんだん彼の背景がわかってくると，彼のまわりにコンテイナーが配置されてくる。そうすると心理療法と協働して問題行動が少なくなってくるっていうことも生じ得る。ただ蓋をするだけではなく，成長的な意味での変化を見ていくことが重要ですね。

◀コンテイナーモデルの拡大
→2-1 p103

M：発表していかがでしたか？

発表者：とにかく早く心理面接をするっていうことで

頭がいっぱいになってたなと思いました。周囲の切迫したムードや自分がとにかく心理療法をしたいっていう気持ちに影響されていたと思います。A君に会う前に，Cさんのフォローを考えるとか，職員全体に働きかけるようなことを考えることが大事だなと思いました。心理療法だけでA君を変化させなくてはと思い込んでいたと思います。職員のコンテイン能力を高めるようなコンサルテーションや働きかけで全員で彼を抱えていくということが大切だとわかりました。彼が反復している問題とその背景や，私の前で見せているいろいろな態度も，成育歴と重ねてみると，彼の辛さが実感を持って理解できたような気がしました。

> **ケースの解説**
>
> ■アセスメント
>
> 　A君は，実父の母親へのDVや，弟誕生後の継父からの激しい暴力など，生後間もなくから暴力にさらされて育った。また，1歳に満たない頃に実父と別れ，母親からの愛情は継父との結婚や弟の誕生により奪われ，彼が体験した愛情は，与えられたと思ったら突如奪われる不安定なものであった。そうした彼の生い立ちが，年少者への暴力や，女性職員への愛着と反抗の混在する態度の背後にあると考えられる。A君を抱える環境としての施設には，このA君の未分化な情緒が行動化として投げ出され，それを受けとめる側の女性職員は強い理不尽さを感じている。しかし，男性職員や管理者は女性職員への理解は薄く，女性職員は孤立している。スタッフには，A君への理解と対応に齟齬があり，不満が蓄積している集団力動があり，その結果としてA君への心理療法依頼があったとみることができよう。
>
> 　今回，A君が，面会後に弟と帰っていく母親を目撃したことは，繰り返されてきた見捨てられ体験の再演となり，年少児および女性職員への激しい暴力が生じた。そのような中での初回面接で，A君は治療者の働きかけに応じて攻撃性を収めることができた。A君の不安が適切にコン

テインされると、暴力や問題行動が徐々に抑えられていく可能性はあるだろう。心理療法と平行してコンサルテーションを行い、施設全体のコンテインメント機能を高めていくことがA君にとって役に立つだろう。

■マネジメント

施設の心理士としては、日常場面での児童との関わりにおいても、常に心理的視点から観察をすることが重要である。観察された情報を他職種と共有しながら、場の耕しとして、自分の役割を周囲の職員に浸透させていく。普段から組織をよく観察し、組織の健康度・機能水準のアセスメントをし、それを活かすことが大切である。

A君は、施設における暴力を問題とされ心理療法に導入された。心理療法導入の背景には、スタッフ間で彼に対する理解や対応を巡る齟齬があったことを見極め、まずはA君の行動化の受け手になり、「堤防」が決壊したCさんをサポートする。そして、母親との面会の前後でA君が不安定になることや、女性職員には男性職員に見せない態度をとることなどをスタッフ間で共有し、組織全体をケアするコンサルテーションが重要である。個人面接においては、生活場面との目的や役割の違いを認識しながら、面接をセットアップしていくことが大切になる。心理療法導入後も、面接で得られたA君の理解を適宜報告するなど、スタッフ間のつながりを促進し、スタッフ全員でA君を抱える環境を醸成していく。

●この章のまとめ

養護施設や乳児院などの施設は、過酷な環境から子どもを保護し、生活環境を整え、養育していく機能を持っています。そのような施設における心理臨床では、個人心理療法のみでなく、スタッフと共に見守っていく体制を作るコンサルテーション・マネジメントが特に必要とされます。さまざまな職種の役割と特性、その相互の関係性を見極める集団力動を読む視点、および、虐待や剥奪にさらされてきた子どもたちの特異的な問題、その両方をアセスメントし、子どもにとって適切な介入を皆で考えていく姿勢が重要になります。

また，そういった子どもたちと向き合っているスタッフは，日々強い情緒にさらされ，ストレスを抱え疲弊しがちです。スタッフへの心理的ケアも私たちの忘れてはならない役割の一つです。

　生活場面と心理療法の役割の違いに意識的になり，境界および守秘性を保ちながらも，心理療法と生活場面が不可分な現場の特徴を活かし，普段の生活でクライエントへの理解を深めていくよう集団と共有していくとよいでしょう。

コラム―初心の臨床家に伝えたいこと，そしてお薦めの1冊 3

アセスメントを通じた「見立て」の意義

平井 正三

　アセスメントは難しい。精神分析的心理療法の技能ということを考えた場合，最後についてくるのがこのアセスメントの能力だといっても過言ではないだろう。個人的に私自身アセスメントは大変苦手である。一言でいうとよくわからない。こうだ，ああだとその時は一応考え，「定式化」もするのだが正直外れることも多い。実際のところ，心理療法過程にどっぷりと浸って，わからない時期を経ながら，少しずつ，もしくは突然「この人はこんな人なんだ！」とわかってくる／わかった瞬間が訪れることが心理療法士の仕事の醍醐味であると思うときもある。

　ビオンは，ある人に「ついて知っていること（knowing about）」と，ある人「を知っていること（knowing）」を区別した。前者は人のことを外側からあれこれ言うことを指し，後者はその人と深く関わることで経験的に知っていくことを指している。私たち心理療法士にとって意味のあるのは，主に後者であると言えるだろう。そしてこうした意味で誰かを知るためには，わからないでいる状態を維持できる必要がある。常に発見に開かれていると必要があるのである。むしろ，そうした探索の姿勢こそが精神分析を通じてクライエントが得られる最大の利益と言えるかもしれない。心理療法に来る人はすでに自分と周りの状況は固定されており変わりようがないと感じている。新たな発見はないと感じているのである。ところが，探索ということが少しずつ可能になれば自分や周りの新たな可能性に気づかされていくのである。したがって，心理療法士は，ある意味，いつも自分の「見立て」が誤っていたことに開かれていく必要がある。実際，私自身の心理療法の経験はまさしくそうなのである。

　では，アセスメントを通じて「見立て」をする意義はないのだろうか？　もちろん，私はあると考える。数回のアセスメント・セッションを通じてクライエントその人，問題の所在，心理療法への反応の可能性について自分なりの考えを明確化していくことはそのケースはもちろん，心理療法士として成長するためにも大いに役立つと私は考える。アセス

メントでの定式化を，心理療法過程が進んだ後ほどもう一度見直してみることはしばしば大いに勉強になる。どのような兆候がとても意義深く，どのような兆候が思ったほど重要でないか検討することは特に大切である。最初の数回のセッションの中にいかに驚くほどクライエントの問題，その後の心理療法の展開を示唆する素材が表れているかに後ほど気づくということはよく言われることである。これは広い意味で，参与観察から仮説を作り，それをのちの観察で検証するという精神分析的心理療法の基本動作の原型とみなすこともできるだろう。こうして私たち心理療法士は，より的確な仮説形成の力，そしてその修正能力を培っていくのである。

　最後に私からのお薦めの1冊として，ロンドンのタビストック・クリニックで実践されている，子どもの精神分析的心理療法のアセスメント方法に関する本を挙げておく。

　　ラスティン＆カグリアータ編，木部則雄監訳『こどものこころのアセスメント』岩崎学術出版社，2007

4
精神科病院のケース

事例発表者：20代後半，入職2年目の男性臨床心理士

●この章のねらい

　病院臨床において，クライエントの行動化や症状悪化が問題となり，心理士に心理療法が依頼されたとき，どのように対応すればよいでしょうか。クライエント自身の希望だけでなく，問題に対応する周囲のニーズによって心理療法が依頼されることも多いでしょう。この章では，病院という多職種が協働する現場でおこる問題を，スタッフ，家族，そしてクライエントとどのように話し合い，連携し対処していくとよいかを考えましょう。その上で個人面接をどのようにセットアップしていくのかを考えていきます。

ケースについて

　勤務状況：地方都市にある病床300の単科精神科病院に常勤として勤務
　事例：Aさん　20歳女性　短大生
　主訴：気分の波が激しい　リストカット　境界性人格障害（BPD）

　　高校入学後から下剤を使った過度のダイエット，リストカット，多量服薬，自殺のほのめかしなどがあった。高校2年時，精神科クリニック受診。3年冬休み，多量服薬で当院へ入院（2カ月）し，その後は外来通院が続く。短大進学後は精神的に落ち着いていたが，8カ月前に約半年付き合った恋人と別れたのをきっかけにリストカットが頻回となり，再度多量服薬，家で暴れるなどの問題行動が激しくなったため，家族も困り再入院となった。入院して3週間，比較的落ち着きを取り戻した頃，両親，本人，主治医との話し合いの席で，心理療法導入の話が出され，主治医からの依頼で私が担当することになった。

> 家族：父親は研究職，母親は専業主婦。姉（3歳上）は大学卒業後父と同じ職業。
>   予約の数日前，私が心理療法の予約を確認しにいくと，ジャージ姿の彼女は「よろしくお願いします」と頭を下げた。ちょうど同年代の患者とおしゃべりをしており，ニコニコ笑っている姿が印象に残った。

●ディスカッション

湊（以下Mとする）：このケースを出そうと思ったのはどうしてですか？

発表者：外来での面接が今も続いているのですが，急なキャンセルや予約時間外の電話などが多く困っています。これまでの関わりでもっとできることがあったのではないか，どうすれば今のような混乱状態にならなかったのかと思い，一度振り返りたいと今回出しました。あと，今からでも軌道修正できないか，そのヒントを見つけたいです。

岩倉（以下Iとする）：入職2年目ということですが，病棟にはどれぐらい馴染んでいるのですか？　　◀場の耕しの程度を聞いています。→2-1 p97

発表者：仕事は心理テストの依頼が多いです。ただ，定期的に病棟に行くよう心掛けていて，今年度からようやく病棟のカンファレンスにも出られるようになりました。できれば，今後は心理療法のケースを増やしたいと思っています。

M：医師からこの心理療法を依頼されたとき，あなたはまずどのように感じたり，思ったりしたのでしょう？　　◀ケースが始まる前から抱く印象→2-2 p110

発表者：自分なりに医師やスタッフとの関係を作ってきて，ようやく心理療法を依頼されるようになったので，大変なケースだとは思いましたが，やってみたいと思

いました。
M：あなた自身にもやりたい気持ちがあったのですね。
発表者：そう言われると，何も考えず引き受けてしまったのかと思うのですが，心理療法の導入はすでに決まっていましたので。
I：心理療法依頼までの過程をもう少し明確にしてもらえますか？
発表者：Aさんが強く退院を希望しており，それを聞いた両親が主治医に相談したところ，心理療法も受けながら退院を目指し，退院後も外来で心理療法を継続していく方針になったと聞いています。あと，Aさんも希望したとは聞きました。
M：今の段階では，まだ彼女の心理療法に対するモチベーションがどの程度か，心理療法に対するイメージや期待がどのようなものなのかはっきりしていないですね。あなたはやる気になっていたようだけれど，彼女はどうなのでしょう？
I：ここでは相談主体がまだAさん本人じゃない段階ではないかな。心理療法を受けることが退院との交換条件のようにも聞こえますね。何回か入院しているし，ここでは「早く退院したい」彼女と困っている周囲の力動の中での依頼という読みができるのではないかな。
発表者：本人が希望していると聞いていたので，てっきりそれで大丈夫かと……。ああ，心理療法受けると言えば親も納得すると思っていたのかな。考えてみれば，退院と引き換えに心理療法という取り引きのようなものがあったかもしれないですね。早い退院を望む彼女に皆が動かされていたのか。う〜ん。
M：そうですね。依頼を受けるということと，心理療法の導入が，現在の彼女に適切かどうかは分けて考えな

◀相談主体は誰かを確認しています。
→ 2-1 p103

くてはいけないと思います。あと，大事な点なので聞くのですが，開始前に病棟に一人で挨拶に行ったのはどうしてですか？

発表者：病棟にいるからちょっと会っておこうぐらいの軽い気持ちだったです。なぜかこのケースは早めに会いに行きたくなりました。病棟医から依頼されたのでなんとか期待に応えたいと思ったのもあります。

M：今みたいに，その行動を起こした時の自分自身の率直な気持ちについて振り返ることは大事ですね。それがセラピストの逆転移を吟味することにつながりますから。急にあなたが一人で，ジャージ姿の彼女の前に現れたわけですが，彼女からするとそれはどのように体験されたと思いますか？　　　　◀逆転移を自覚することの大切さについて話しています。→ 2-2 p111

発表者：えっ，彼女がどう体験したかですか。普段から病棟に出入りしているのであまり意識していなかったのですが。……突然のことでびっくりしたでしょうか。　　　　◀クライエントが治療者をどのように体験するか（転移）に注目します。→ 2-2 p112

M：なんとなくノックなしに女の子の部屋に入るような感じがしますが。

I：わたしも若気の至りで心当たりあるな。前のめりになって，巻き込まれていくんだよね。それが今の大変さとつながっているかもしれないですね。面接前から起こる pre-formed transference の視点，周囲からの期待や，個人的な野望などいろいろ要素はありますよね。主治医と一緒に挨拶に行く，しっかり役割を紹介してもらう，できれば突撃ではなく時間を予告して行くなど，なるべく formal に境界を作るよう工夫することも大切。

発表者：ああ，病棟でも目立つ，話題になることも多い子だったので，正直なところ，担当になれてよかったという気持ちもありました。会って直接心理療法の枠

を伝えようという思いが強かったです。

I：このケースの場合，今はまだ0期の治水の段階だと思う。ここでは，行動化で困っている両親と主治医が，実は相談主体でもある段階。本人が希望していたとしても一気にAさんとの面接に飛ぶ前に，一作業した方がよいのではないか。そうしないと見えない期待や意図の力動が解決しないまま，面接が開始されてしまう危険がありますね。

◀0期にやるべきことを話しています。
→ 2-1 p97

M：病棟はどういう体制なのですか？

発表者：開放混合病棟です。看護師は班体制で，彼女の担当はベテランのしっかりした方でした。日中は病棟レクレーションがあるのですが，彼女はそれほど積極的ではなかったようです。主治医は外来も病棟も一緒です。

◀治療環境となる病棟の体制を知っておくことは大事です。→ 2-3 p125

I：Aさんに関わるスタッフの布置をよく考えて関わるのが大切だね。少なくとも担当の看護師さんとは話をしておくかな。会う前に能動的に耕す。

◀心理力動的地図を描く。
→ 2-1 p95

発表者：それはしていませんでした。看護師さんとは，この後も意思疎通の面でいろいろ苦労しました。病棟や他のスタッフとの連携はとても難しいです。そうか，彼女に会う前に，もっと意識してスタッフから入院中の様子を情報収集したり，主治医にも話を聞きに行けばよかったのですね。そうすれば，彼女が心理療法を導入された経緯や先生との関係に現れている対人関係の持ち方などももう少し分かった上で心理療法に導入できていたかもしれないです。

M：それでは，面接の経過に入りましょうか。

■第1回

　初回。病棟に迎えに行くと，Aは先日の挨拶の際とは別人のように大人っぽく，病院には場違いな感じがして驚かされた。改めて自己紹介し，心理療法を受けることになった経緯を尋ねると，彼と別れただけで落ち込み，生きていても仕方ないと思った自分を振り返り，「二度とああなりたくない。そのためにもちゃんと治療を受けて変わりたい」と話した。私が示したアセスメントの予定に同意し，真っ先に「先生は私のこと何か聞いていますか？」とじっと目を見つめながら尋ねた。概要は聞いているが直接聞きたいと伝えると，あっさり納得し，自ら話し始めた。中学までバレエ中心の生活で充実していたが，怪我でプロを諦め，バレエもやめてしまった。その頃から目標を失い「根暗な子」になり，親に隠れて自傷（リストカット）が始まった。高校は母の勧めるまま私立女子高へ。同級生は皆こどもっぽく感じ友達は作らなかったが，ただ一人だけ親友ができた。その子も精神的に不安定だったので，いつも支え合っていた。高校2年時，時々相談していたSCの紹介で精神科クリニック受診。高校3年生で親の勧めで当院入院。主治医はその時からB先生。短大入学後，バイト先の先輩と付き合って落ち着いていたが別れてから落ち込んだ。

　私は，カンファレンスで話題に出ていた気分屋で自分勝手という印象と違う一生懸命さを感じ，もしかしたらこのギャップこそがBPDなのではないかと思い始めていた。

　家族は，母親は「心配性。私のことは諦めている」。父親は「よくわからない。仕事が忙しい。怒ると怖い」。姉は「小さいころは一緒に遊んだけれど，最近は話さない。忙しい」。家族で誰と仲がいいかを聞くと，「チロ（飼い犬）」と答えた。

　そして，今回の入院の理由を，「彼氏と別れたから。あと，家で暴れたからですよね。彼とリスカしないと約束して，私はその約束を守っていた。でも，彼が約束を破り，裏切って私の親友と遊びに行ったんです。ありえないと思いませんか？」と勢いよく話し，同意を求めるよう私を見た。私は，〈Aさんにとっては約束を破られたのが嫌だったのですね〉と応えるのが精いっぱいだった。彼女は，それに安心したように，「でも，もう大丈夫。二度としません。そのために心理療法を始めることにしました」と話した。私が〈Aさんは今回の入院で自分についていろいろ考えたのですね。リストカットや多量服薬をするのにはAさんなりの理由があると思う。心理療法ではそういう気持ちを行動で表さずにここで話

> してほしいと思います。リストカットなど命の危険が生じた場合は，心理療法も続けられません〉と伝えるとすぐ同意し，心理療法への期待を，「気分の波がなくなればいいと思っている」と話した。私は第1回の最後に，〈彼ができて安定していたのに，親友と出かけたことで，裏切られた気持ちがしたのだろう。そうなったときに自分の気持ちをコントロールすることができずにリストカットなどで発散してしまう。でも，なぜそこまで落ち込んでしまうのか，自分でもわかっていないように思う。一緒に考えていけるといい。次回は小さい頃のことも聞かせてほしい〉と伝えた。終了後，私は，しっかりしようとしている彼女に，どことなく無理があるように感じた。
> 　そして，この後，看護師から，Aが心理療法が始まったことを嬉しそうに他患に話していたこと，病棟スタッフに私のことをあれやこれやと尋ねてきたことを聞いた。

M：ここまでの過程で何か考えたことはありますか？

発表者：最初は協力的と思っていたのですが，今となっては本当に納得して心理療法が始まったかは疑問です。

M：病棟で会ったときと初回の印象の違いについてはどのように考えますか？

発表者：化粧をしていたからか，ドキッとするぐらい変わっていました。その時は，自分に何かアピールしてくるようで，心理療法が始まるからいい印象を与えたいのかなと考えていましたね。　◀前回と今回との連続の中で，力動や展開をみています。

M：彼女は，彼氏とリストカットしない約束をして，先生と会ってリストカットしない約束をしていますね。

発表者：約束という言葉は本当に何度も出てきたんです。その後も出てくるのですが，約束することで特別な関係にしているのかな。それって，彼氏の代わりって言葉が浮かびます。彼女は僕をカウンセラーというより異性として見ていたのかな。　◀このように鍵となる言葉を見つけ，クライエントの理解につなげます。

M：そうですよね。セッション中に彼女に対して焦りを感じたと言うことですが，もう少し詳しくその状況を言語化できますか？

発表者：こちらがたじろいでしまうほど，必死な感じがしました。でも，それはどこかいい子になりすぎているような，少々胡散臭いなあという気持ちもあったかなあ。ただ，今はそう言えますが，その時は緊張してわからなかったです。あと，これは言いづらいというか言葉にしづらいのですが，なんとかしてあげたいとか，かわいらしいとも思っていたと思います。

I：そういう自分の逆転移を検討することは大事ですよね。否認すると逆に無意識に巻き込まれていきます。かわいらしいと思った逆転移をみると，彼女が彼氏の代わりにあなたを仕立てあげ，心理療法に来ているという力動に気づけるかもしれません。傍目でみると明らかですが。構造をしっかり作りながら，連想は自由に考え，それを吟味していく。そうすると力動が見えてきますよね。

◀観察すること，感じること
→ 2-2 p115

発表者：ああ，今その時に感じていたことを言えてほっとしました。この場でいろいろ質問されて考えると，セッション中は本当に余裕がなくて，BPDという診断でしたし，最初が肝心と思ってひたすら構造をしっかりするため限界設定しようと考えていたのですね。行動化が恐くてなんとか食い止めようと思っていました。

◀医学的診断のみにとらわれ，その影響を受ける危険性について話しています。

I：なんかずいぶんあなたと彼女の二人だけの世界が展開しているみたいですね。まだ，心理療法が適応かどうかのアセスメントのセッションですよね。

発表者：……。

M：ここまででわかってきたことは，面接をやってやるぞと思う反面，彼女の行動化が怖くて腰が引けてしま

うようにも感じていて，それでもやはり，彼女のことを世話したいと思う自分もいた，ということのようです。そうすると，セラピスト側の逆転移で枠組みや構造にこだわっていたことにも気づけますね。

発表者：初回でまず面接の枠組みというか構造を作らなければという思いがあったのですが，1回目にする必要はなかったのでしょうか？

I：BPDだから，行動化を防ぐ，限界設定をするというあなたの思い込みが強くでているような。このセッションは入院中に行っているのですよね。なんだか他のスタッフがいるという視点が抜け落ちているように思うな。僕だったら，病棟の抱える機能と連携して面接導入を急がずに試験導入にして，スタッフと共にその反応を考えるかな。限界設定も急がない。

発表者：確かに，会う前から限界設定のことは考えていたんです。ただ，この回，前半は比較的穏やかにこれまでの経過を語っていたのですが，後半，彼に裏切られたという話を持ち出されたあたりから，どうしようかと焦ってしまい，それでよけい限界設定をしなきゃと思ってところがありました。

M：リストカットはしないよう彼女に約束をさせながらも，あなた自身はどこかで彼女のことを信用できない部分もあったのではないでしょうか。

発表者：信用ですか。う〜ん，以前，健康な部分と手を結んでいくことは大事だと聞いたので，彼女が良くなりたいと思っているところに焦点を当てようと思ったからこそ，リストカットしない約束をしようとしたのですが，それでは間違っていたのかな？

M：作業同盟という考え方は大切ですが，それだと彼女との間に約束するかしないかの二者択一的な窮屈な関

◀治療的枠組みをどのように設定するかを話しています。
→ 2-3 p124

◀作業同盟
→ 2-3 p126

係が展開してしまいますね。まさに彼との関係の再演になりますよね。ここで、約束をさせるという行為に移してしまうのではなく、彼女の思いやその不安について考えていく姿勢を示すことがその窮屈さから脱却することにつながるかもしれません。

◀ 関係性の再演について話しています。
→ 2-1 p94
→ 2-2 p119

I：そうですね。作業同盟としてみるならば、この時点での「よくなりたい」って本当に健康な部分なのかな？ 行動化をやめたいという健康な彼女と手を結ぶことはたしかに大切だと思う。でも、隠れてやってきていることも語られていますよね。だからそんなにもリストカットや多量服薬をしてきたあなたがそれを一切やめる約束をするのはむしろ不思議だ、と伝えたくなる。相手の期待に応えたい、でもその実、応えきれないということがむしろ問題なのかなということを話題にしていくのがいいのではないでしょうか。

発表者：できない約束を最初からしてしまったのですね……。実際その後リストカットが起きても面接は続いていますから。限界設定は主治医にお願いして役割分担すればよかったと思いました。……先生方だったらどういうふうに初回に伝えるでしょうか？

M：彼女がとにかく同意を求めるように話すという点から、全部わかって丸ごと受け入れてほしいというニーズ、幻想があるように感じたので、一回で全部はわからないということを伝えようとするかもしれません。これは、できない約束はしないという態度にも通じます。彼女から脱価値化されるかもしれないけど、万能的に理解できる対象にはならないよう、まだよくわかっていない私がいるということも伝えます。その上で『私としてもリストカットしないでほしいし、そうなりたいあなたもいるのはわかるけど、一方でそれはま

◀ クライエントに治療者がどのような言葉で伝えるかの例です。

だ難しいような気が私もしますし、あなたも思っているかもしれません』と両方の気持ちがあることに触れると思います。 ◀アンビバレンス

Ｉ：彼女の心痛は、自分がいらないのでは、裏切られるのではないかという思いかな。『あなたは周りの人にもあなた自身にも約束を破らないでほしいと思っているのですね。約束を反故にされたり、裏切られたというこころの痛みがさまざまな行動と結びついているようだ』というように言うかな。あと、『生いたちからも人のことが信じられないことが窺えるので。そのことがあなたにとって辛そうですね』と言うかな。そうそう、初回後、病棟でさっそく動きがあったみたいですね。どう感じましたか？ ◀病棟への影響にも注目します。

発表者：僕の年齢や結婚しているかどうかなど聞いていたようで、看護師さんにも「気に入られたみたいですね」なんて言われて、正直、なんでそういうことをするのかと戸惑いました。

Ｉ：あなたとしては心理療法をちゃんと行いたい、一方、彼女は恋人代わりというようにずれているからですよね。でもこれ自体最も彼女らしい転移で当然の反応とも言えましょう。理想化が起こっていることを見極め、そのことをスタッフにもコンサルテーションする。もちろん彼女の理想化とその反転の見通しなども立ちますよね。だから、病棟の力動の中で開始したセッションであるという治療構造の認識が大切で、一人で抱え込まず、スタッフとの理解の共有を通して抱える環境を形成していく。 ◀治療構造論的理解です。→2-3

発表者：なるほど。二人の間で起こることばかりに目を向けていましたが、病棟全体で起こっていることをとらえていくことが必要なんですね。

■第2回

　この1週間，病棟で顔を合わせることはあったが，会釈を交わす程度だった。前回の感想を尋ねると，「話しやすかった。先生は高校2年の担任に似ている」と笑い，その担任は話にとことん付き合ってくれる「味方」だったが，3年で担任でなくなりとても悲しかったと話した。

　この回は生育歴を聞いた。幼少時，特に問題なく，小学生までは友達も多かった。3歳年上の姉は要領良い優等生で，何かにつけ比較されていた。しかし，バレエだけは褒められ，母も喜ぶので次第に熱中し，プロを目指すようになった。そして，彼女は，小学校高学年頃の不思議なエピソードも話した。それは，病床の祖父が亡くなるちょうどその時に，飼い犬のチロが彼女を起こし，祖父の死を教えてくれたというものだった。また，高校時代はビジュアル系のバンドに夢中で，そのライブに真っ黒な衣装で行くのに熱中していた。

　そして後半，ふいに「主治医のB先生は厳しい。気持ちをわかってくれない」と，一人暮らしを許可しない主治医への不満が始まった。「どうなったら一人暮らししていいのか約束してほしいのに，約束してくれないんです。ひどいと思いませんか」と意見を求められ，私は答えに窮した。試されているようで，返答に困りながら〈今はアセスメント中だから答えられないけれど，Aさんは一人暮らしをしたい気持ちがあって，希望が叶わないとどうすればいいのかすごく戸惑ってしまうようだね〉とだけ伝えた。しかし，納得せず，「もし私が心理療法に通って，リスカもしなくなって落ち着いたら，一人暮らしをしてもいいとB先生に話してくれますか？」と畳み掛けるように聞いてきた。私は，さらに困りながらも〈独り暮らしで自立したい気持ちがあるのですね。心理療法は具体的なことを決める場所ではなく一緒に考えていく場所。どうしたらB先生に許可してもらえるかは考えていこう〉と説明すると，彼女は「よろしくお願いします」と頭を下げた。

　その後，病棟ではAの一人暮らしを私が許したとの話が広がっていた。身に覚えがないと驚き，担当看護師に心理療法の経過をあわてて報告した。また，Aは病棟内で他患に対し，心理療法を受けていることを特別扱いされていると自慢げに語ることもあったようで，その影響か，病棟内の秩序が乱れ，不穏な空気が漂っていると，担当看護師に迷惑そうに言われてしまった。

Ｉ：なるほど。こういうことが起こりますよね。病棟も少し不穏になるぐらいのインパクトがあったんですね。

発表者：僕もびっくりしました。まさかそんなことになるなんて。あわてて，一人暮らしの許可はしていませんと言いに行ったんですけれど。

Ｍ：まず，面接内容から見てみましょうか。さっそく，担任の先生が出てきましたね。これは男性ですよね（笑）。

発表者：その通り，男性です。そう思うと，僕も理想化されているのですね。でも，彼女の場合，依存対象との別れの体験が悪いんです。なので，きっと先生も裏切るだろうというような関係が僕との間でも展開するのではないかと思いました。

Ｉ：このセッションでは，Ｂ先生と比較されているところが肝ですよね。

発表者：確かに，彼女が主治医の不満を話しているとき，僕なら願いを叶えてくれるのではないかという期待を強く感じました。それに応えたいような気持ちもありましたし，正直なところ，主治医ではなく，僕の方が彼女の想いを理解してあげられているのではないかという想いも湧き上がってきました。今思うと，一人で舞い上がっているようで恥ずかしいのですが，彼女の治療を一身に背負うような気になっていたかもしれませんし，心理士として認められたい気持ちも刺激されていたと思います。

Ｍ：負担に思う気持ちも感じていたのですね。投影によって彼女の理想化対象にならなくてはという思いに陥っていったのかもしれません。

Ｉ：彼女が語るいろいろなエピソードは興味深いけど，なにを感じますか？

◀前回から今回のつながりの中で見えてくることがあります。

◀これまでの対象関係から転移を読みます（T-P-O連結）。
→ 2-1 p93

発表者：ビジュアル系の話は，彼女の今の見た目とギャップがあり，正直僕もよくわからなくて不思議でした。知らない彼女がまだまだいそうだなと思いましたね。

I：表に出ているのとは違う，彼女の黒い部分がさっそくここでも発動したのかな？　一方でおじいちゃんとチロの話は良い対象の話のよう。でも良すぎますね。万能的で空想的ですよね。

◀彼女の語る物語を転移の文脈で考えています。

発表者：他の家族とは違って，祖父は唯一の良い対象としていつも語られています。僕は彼女に祖父がいてくれて，良い関係もあったのだなとほっとした気持ちにもなりました。

M：黒い衣装と，おじいちゃんという良い対象とつながっている犬のチロは白を連想させて，彼女の中にある黒（悪い対象）と白（良い対象）を連想させますね。病棟ではあなたのことをすべて聞いてくれる人，つまり白い対象にして良い関係を作ろうとしている，と連想を膨らませながら彼女の話を聴いていくことで多面的な理解につながります。

◀良い対象と悪い対象へのスプリッティングの話をしています。

発表者：ああ，白と黒という両極端な何かが彼女の中にあるというのは，会っていて実感できます。

I：祖父以外はすべて姉だけを褒め，姉とお父さんは同職。同級生は彼氏を奪う，というように，いつも彼女の愛情は誰かに奪われていると言いたい。つまり，エディパルな同胞葛藤のテーマと，見捨てられ不安が混在して語られている。基本としてはヒステリカルな心性が見られる人ですよね。ただ，認められない思いの根っこはエディパルだけとは言い切れない。退行したときには，BPO水準に落ちると仮説的に見立てられましょうか。そうすると先生は今は死んだおじいちゃんかチロですね。どちらも，理想的でリアルな人間で

◀病態水準の見立てについて話しています。

はない。一方で，父親は不在で怖く，禁止する対象でＢ先生はそのラインになっている。あなたは理想化対象になるよう強い圧力をかけられ，病棟に戻った彼女は皆に「一人暮らしを許可してもらった」とふれ回る。

発表者：彼女が僕に何を求めているのか，そうすると見えてくるような気がします。僕も，Ｂ先生と比べられて，おじいちゃんやチロのような"白い"良い対象だけであろうとしていていたのかな。一人暮らしに関しても，彼女の気持ちは分かると同意はしたけれど，許可した覚えは全くないのに，許可してくれるという理想化対象に仕立て上げられていたのですね。一方の黒い部分には目が向いていなかったです。彼女のビジュアル系バンド好きを不思議としか思わなかったけれど，それって彼女の"黒い"部分を見ようとしていなかったのではないかと思いました。

Ｉ：そうやって対人操作をしていくのが彼女のやり方なのでしょうね。彼女の世界を投影して創り出していく。Ｂ先生は厳しいと言っているけれど，今の彼女に簡単に一人暮らしを許可するのは危ないですよね。本当は厳しいだけじゃなく現実的で保護している対象。でもその認識は彼女にはない。この人は，そういう父性的で保護的なところを見られないのではないかな。全部言うことを聞いてくれる人がいいと思ってしまう。ここに分割が起こっていて，良い方を先生，悪い方をＢ先生にして，病棟に排出した。そうすると今度は病棟がざわめいてくる。

発表者：なるほど。彼女に言われた時に，僕がどうにかしなきゃという気持ちと同時に，Ｂ先生はずいぶん辛抱強く彼女に付き合い，治療してきたのに何を言っているんだという想いにもなりました。ああ，あの時，

どこまで信じるか試されているというか，味方してくれるのかと突きつけられていて，彼女を信じなきゃという圧力があったのですね。できるだけ彼女のことは信じたかったのに，病棟では僕が勝手に彼女の味方をしていると言われ，変な空気になっていて「濡れ衣だ！」と思いました。

M：これでB先生が悪いとなってしまうと父親不在の再演がまさに起こってしまいますよね。一方で，先生がのらないと先生に裏切られたことにもなる。この引き裂かれた葛藤がまさに彼女なので，そのことを彼女に伝えていくと同時に，現時点では，まずは今起きていることを病棟にも伝えなければいけないですね。 ◀クライエントの内的対象関係が投影され，再演される話です。
→2-2 p119

I：そこで，わたしはやっていない！と声高に叫ぶだけでなく，なるほど，そんなふうに言った憶えはないけれど，そんなふうになるのが彼女の特徴で，理解の端緒だということを話し合っていきますね。こうして，無理に理想化して，それが駄目だと一気に反転するということが起こる力動として理解を伝えるとスタッフは落ち着いてきますよね。今もその局面なのでは？
また，病棟では彼女がそうやって理想化したものとの結びつきを排出するので，他の患者さんがそれぞれ特有の反応をしていることをコンサルテーション的に話し合って行く。そういう病棟の治水作業を優先させます。今後の見通しとして，約束がテーマというのは僕も賛成で，約束を破ったら一気に悪い対象になる，ということが生じるだろうな。 ◀見立てと見通しを病棟にも伝えることが大切です。

M：ここまでのコメントを聞いて，あらためて今回出していかがでしたか？

発表者：こうやって先生方に尋ねられながら，その時の自分が何を感じていたのかを率直に言葉にして，気づ

くことが多かったです。このケースは今も続いていますが，クライエントに対する自分の態度が一定していないことが，この面接を不安定にしているのだと痛感しました。できない約束はしないというのは今日覚えていきたいことです。検討してもらった彼女の病理の理解を持って，彼女からの希望に応えてほしいという一方的な圧力と，それに応えられないことで私が感じる罪悪感であたふたせずに，希望は希望として受け取るような冷静な対応をしていきたいと思います。病院にもどったら，さっそく主治医の先生に相談してみようという気持ちにもなれました。

ケースの解説

■アセスメント

　クライエントは，唯一Aさんをかわいがり理想化対象だった祖父の死，引き続くバレエの挫折という，いくつかの喪失を思春期に体験したことにより，理想化していた自己像が保てなくなり，リストカットなどの行動化が生じていたと考えられる。その後も，依存対象を求めるものの，理想化した対象（担任や親友，恋人）に裏切られるという不安定な対人関係が続いている。今回も恋人がAさんの親友と浮気をするという裏切りを発端として行動化が再燃し入院，そして心理療法の依頼，と至っている。

　この背景には，幼少時からの，母親との関係性と，姉とのエディパルな同胞葛藤の中で，「自分が駄目だから皆がいなくなる」と語られるような見捨てられ感があると考えられる。今後男性セラピストへは依存的で性愛的な転移を向けることが予想され，セラピストはそれに反応する逆転移が生じやすいだろう。しかし，そこには，自分を認めてくれるか裏切られないかという切迫した想いがあり，異性愛の段階というよりはそれ以前の発達段階の問題を抱えており，退行したときにはBPO水準に落ちると見立てられるだろう。

　面接の影響が，入院中の病棟スタッフや他患へと波及し，Aさんの二

極に振れる態度や行動化に翻弄され，セラピストは複雑な関係性に絡め取られる。病棟スタッフから陰性の情緒が向けられるのも，Aさんの操作によるもので関係性の再演という側面があり，アセスメントの鍵となる。

■マネジメント

　心理療法は退院の交換条件として設定されており，クライエントはまだ真にニーズのある相談主体にはなっていないと考えられる。現時点での相談主体を見極めるために，心理療法を始める前に，主治医や病棟スタッフからAさんの様子やスタッフの意見を十分に聞き，彼女の特徴や病理を見立てる段階を踏む必要もあろう。

　また，入院中に面接を行う場合，心理療法の反応は生活の場となっている病棟に排出されやすい。この場合，入院中の面接はアセスメントとして位置付けるなどの工夫もできる。アセスメントでわかったクライエントの力動と見立てについては，守秘の問題にも気を配り，スタッフに説明・共有し，今後の対応について早いうちから話し合っておくことが必要である。問題となる行動化に対する扱いは，心理士が一人で負うことがないよう，管理役割を主治医などに依頼し，心理療法役割と分けるなどの工夫を凝らす。このようにして職場全体でAさんを抱える強い枠組みを構成していくよう働きかけていくことが重要である。ここでの心理士は，病棟という構造やシステム，ルールの中で何ができるのか，できないのかを見極めながら動くことが肝要である。そのような「治水」作業と並行して，クライエントのモチベーションを明確にしていく。

●この章のまとめ

　病院という組織は，スタッフ数も多く，多職種が関わる大規模な集団です。小規模な集団（スタッフが限られるクリニック）に比べ，クライエントの病理や内的対象関係が病棟全体に投影されやすく，その影響も大きくなります。そのため，患者からの排出，投影を見極めながらコンサルテーションを随時行っていくことが必要となります。これは，組織のコンテインメント機能を高め，さらに個人心理療法が成立する場にしていくための

マネジメントでもあります。病院で働く心理士は，集団力動を見極め，専門職同士が協働するという視点を大切にしましょう。

　心理療法を施行する場合は，クライエントや主治医のニーズを知るのは当然のことですが，クライエントを取り巻く関係者の力動の中で依頼されてきたという視点を持つことが重要です。周囲の関係者に関わり，必要な場合は情報を共有しながら，慎重に面接をセットアップしていきます。

コラム―初心の臨床家に伝えたいこと，そしてお薦めの１冊 4

毎回の心理療法面接はアセスメントでもある

松木 邦裕

　精神分析的心理療法での毎回の面接は，その回に現れた新たな素材に基づく最新のアセスメントの機会以外なにものでもない。つまり，アセスメントと心理治療は別々なのではない。それが精神分析的心理療法であるのなら，すべての面接は治療であり，アセスメントである。たとえその面接が5年，10年と続いていようと，そうなのである。

　最初の見立ては特に重要である。が，それに固執する必要はない。何年間か心理療法を続けていて，最初の見立てがまったく変わらないとしたら，その方が問題である。

　今日のクライエントは，昨日のクライエントとは違っているだろう。新しいセッションには，必ず新しいデータがある。その新しい何かに出会った以上，それを含めてそのクライエントの在り様はアセスメントされる必要がある。その結果，そのクライエントの見立てに変更が必要になったとしても，恥じることはない。大切なことは，そこに新たに見えているものを尊重することである。さらにその新たな見立ても，その後変更することになるかもしれない。それでよいのである。

　アセスメントの折々の簡潔な記録は，見立ての歴史である。それは，その事例史の重要な一部となる。そして精神分析的治療を重ねると，最後には，他の誰でもないその人であると見立てることになるだろう。

　アセスメントの力量を高めるにはどうしたらいいのか。それは，指導者の下での実践であり訓練である。つまり，精神分析的心理療法の力量を高めることと同じである。そして，どちらにおいても求められるのは，実践経験を多く積むことと，その経験を見直して再考することである。私たちが大工や庭師であるなら，かつての現場に足を運び，以前に作ったその実物を見て考えることができる。しかし，私たちはそれができない。できないとしたら，どうすればよいのか。それは経験の記録を持つことである。研究会や学会でケースを提示し考察すること，論文を書くことの意義はここにある。みずからのための記録を残すことである。

　別に学者になる必要はない。むしろ「学者」になってはならない。そ

れは私たちの臨床実践が知でなすものでなく，感情でなすものだからである。感情に動かされるのではなく，感情を専門家として使えるようになること，それは大工や漁師が自らの身体を道具として使えるようになっていることと同じである。それが達成されていないときに，先に「頭が働く」のである。

　「一般の専門性は，自己の強さの上に築きあげられるのに対して，私たち，精神療法家の専門性は，自己の弱さを認めることで磨きあげられるものである」。この一文は，『精神療法家として生き残ること』（第4章　パラドックス）にある。この書はアセスメントについての記載も豊かであるが，私はこの一文を書物という文脈から皆さんにも読んでもらいたい。こころの専門家としての矜持を，そこに私は確かに感じるからである。

　　推薦の書：ニナ・コルタート著，館直彦監訳，藤本浩之・関真粧美訳『精神療法家として生き残ること』岩崎学術出版社，2007

第 2 部

理論編

1
心理臨床における精神分析的実践
治療0期の「耕し」と「治水」

岩倉 拓

I はじめに

　精神分析的臨床の主要な実践は個人心理面接である。しかし，よく目を凝らしてみると，その個人面接設定が成立する背景で行っている仕事がある。たとえば，職場での関係作りを通して信頼され仕事を得ていくこと，個人心理面接を行えるように職場の環境を整えること，クライエント，その家族，あるいは関係者との関係を調整し面接を設定していく仕事などである。これらはアセスメント，マネジメント，セットアップとして議論されてきた仕事であり，個人面接とは異なる能動的関わりが求められる局面である。実はここでも意識的・無意識的にさまざまな判断や選択が下され，場に作用している。こうして形成された治療構造（小此木 1990）がその後の展開を決定づけていくのである。

　この初期の仕事を個人面接の経過を記述する際の1期／2期……と対照して0（ゼロ）期の仕事と位置づけてみよう（乾 2010b，岩倉 2013a）。この仕事は，役割や枠組みが確立された場では自然と行われていることが多いが，職場のさまざまな要因やクライエントの病態によってその困難さが露見する。本章ではこの見えない0期の仕事を可視化し，現場実践における精神分析理論の応用を示したい。この0期の現場感覚を身につけていくことが精神分析的心理療法[注1]1期の仕事に繋がっていく。

　0期の臨床実践において重要なのは，面接法としての精神分析技法のみではなく，精神分析がもつ物事のとらえ方，認識の仕方を血肉として身に

つけることである。これは現象を常に精神分析的に思考し、理解しようとしていく"ありよう"である。それが現場の混沌と情緒的負荷の中で方向を見定める地図となり羅針盤となる。この姿勢は、現場実践の積み重ねと個人療法のトレーニングの両輪によって養われる。

臨床現場の問い

　0期の可視化が求められる背景に、1つは臨床心理職の職域の拡大によって、個人面接中心の受動的な臨床から、組織や集団に入りながら開発していく臨床現場が増えていることがあげられる。このような現場では職場環境を整えていく能動的な動きが特に求められよう。そして、もう1つは、動機づけや病態水準など、さまざまな事情で個人心理療法の枠組みに収まらない事例への取り組みの増加があげられよう。場のニーズや事例にあわせて、私たちは柔軟に対応していくことが求められるが、ただ「あわせていく」ことと、一貫したものをもちながらどのようにあわせていくのか「考えていく」のでは大きく異なる。このような時代背景の変化と職場の現状の中、クライエントに真に役に立つ臨床家になるためにはどうすればいいのか？と現在の私たちは問いかけられている。

精神分析的臨床とは？

　そもそも、精神分析的な臨床とはなんだろうか？

　現代の精神分析の目指すところを一言で表せば「自分のこころの真実を知る」ことと言えるだろう（松木 2009）。それは、自分の中に存在してはいるが、まだ自分自身にも触れられず、認められていないものに、主体的に触れ、感じていく過程である。さまざまな観点はあるものの、現代精神分析の視点は、症状の除去や問題の解決のみではなく、その症状や問題に潜在しているこころの痛み（＝心痛）や悲哀を本人が自らのこころにおけるようになり（＝定位）、心的に成長（＝発達）していくことを目指して

注1）ここで言う「精神分析的心理療法」とは、週1～週2の頻度の1対1の個人療法であり、場所、料金、時間などが構造化された上で、"治療者－患者"の間の関係性、すなわち転移を扱い、無意識にアプローチする心理療法である。

いる。その結果，こころは自由になり，自分に開かれ，さまざまな要素を自分のものとして生きることができるようになっていく。

一方で，真実に触れることは時に強い心痛や悲哀を生じさせる可能性がある。この辛さを抱えていく力とのバランスによっては想定外の辛さに向き合うことになり，こころからあふれてしまうという危機も生じる。アセスメントはこの心痛と抱える力を見積もる仕事であり，マネジメントはその心痛を抱えていくよう環境を整えていくことである。臨床心理の視点が症状除去や問題解決のみにとらわれてしまうと，問題や症状に潜在している切実な思いや意味を見落とし，人格の全体性への理解と心理的成長という奥行きのある視点が欠けてしまうことに注意しなければならない。精神分析的臨床は心痛や苦痛を除去するのではなく，心痛そのものを知り，それに持ちこたえていく力を育む実践である。

II 精神分析を 0 期に生かす──精神分析的臨床の方向感覚

本節では，0 期の精神分析的臨床における認識の「道具」となる理論を整理しよう。

生物−心理−社会的視点

乾（2007）は，力動的な臨床の前段階として，「トータル・パーソンとしての理解，生物的−心理的−社会的観点」をあげている。どの現場においても，生物学的−精神医学的視点（医療や薬物療法の必要性）および，社会的観点（虐待などの危機介入や経済的問題など）のアセスメントは「衣食たりて〜」の基礎的な仕事である。具体的には，医療やソーシャルワークとの連携とその橋渡しの姿勢である。0 期においては，その援助を受けることを支え，コーディネートする仕事が優先され，並行する。時に心理士がこれらの役割を一時的に担わなければならないこともあるだろう。

転移の理解（T−P−O 連結）

精神分析的な認識として重要な考え方の一つに「転移」がある。転移

94　第2部　理論編

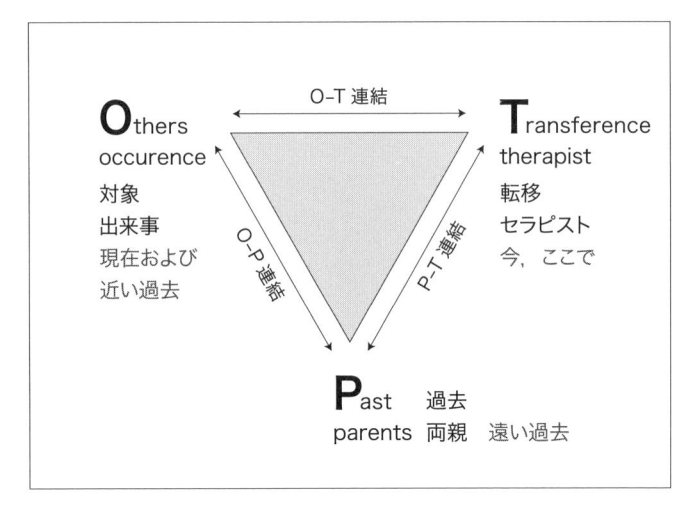

```
         O-T 連結
Others  ←――――→  Transference
occurence          therapist
対象               転移
出来事             セラピスト
現在および          今、ここで
近い過去
    O-P連結    P-T連結

           Past  過去
           parents  両親  遠い過去
```

図1　人の三角形（Malan 1979 を改訂）

は，過去の重要な関係性が治療者との間に反復する現象を指し，精神分析では肝になる概念であるが，0期においてもこの転移の感覚をもっていることは重要である。図1は，メニンガーの三角形を基盤にした，「人の三角形」(Malan 1979) で，これは現在の出来事（Others, Occurance）と，「今，ここで」生じている問題（転移 Therapist, Transference）と，過去および「親」(Parents, Past) の間のつながりを考える図である。この図を補助線にして，問題や症状としてもちこまれている出来事（O）を考えるとき，今，職場でクライエントにまつわることで生じている出来事や関係（T）が関連や共通点がないか，何かが反復されていないかを考え，さらにそれが，その人の過去や「親[注2]」との関係（P）で起こってきたこととつながっているのではないかという理解の視点がもたらされる。つまり，現在の関係性の中で反復し，再演されているクライエントのパターンを認識することができよう。この視点は，今現場で生じていること→クライエントの問題→クライエントが過去から背負ってきた心痛，と言うように理解を有機的に深化させ，臨床状況とクライエントの抱えている問題をスタ

注2）ここでの「親」とは過去の重要な対象との関わりを指し，実際の親そのもののみではない含意で用いられている。

ッフで把握し，共有する際の重要な鍵となる。

力動的認識

　精神現象を，さまざまなこころの力が相互作用した結果として考えるのが力動的な視点である。人間は，葛藤を持ち，そのぶつかり合いに持ちこたえきようとして，対処として防衛という適応[注3]を試みている力動的な存在である。アンビバレンス（両価性）のように同じ対象に相反する感情が向けられると言ったように，力動的認識とは，この力のぶつかり合いがこころの中で絶えず生じているという視点である。

　さらに応用すると，個人内部のみではなく，職場や集団（クラス・病棟・家族）についても同様に考えることができる（岩倉 2013b）。つまり集団全体をさまざまな要素をもつ「人格」としてとらえるのである。個人の力動があり，さらにそれらが相互に関連しあい，しかも日々動き続けているという心理力動的地図を描くことが実践において重要である。

コンテイナー／コンテインド

　前節の集団力動の視点とビオン（Bion 1962）の心的成長の機能としてのコンテイニング理論，コンテイナー／コンテインド（容器／不安や苦痛などの内容）理論の拡大の視点は非常に重要である。コンテインメントを，母子の関係性の理論から，治療者−患者関係，そして個人同士−家庭−社会との関係性へと拡大して考えるのである。俯瞰すると，私たちが出会う事例化した問題の本質は，特定の心痛・不安という情緒をもっている個人（コンテインド）と，その周囲で関わっている人（コンテイナー）との関係性から溢れだしたものととらえることができる。すなわち，個人のこころの容器に収まりきらない情緒が投影同一化によって力動的関係のなかでやりとりされ，その理解の不全や混乱という器の限界を越えた時に"問題"として現れたと考えることができよう。それはクライエントのみなら

注3）認知行動療法，行動療法，クライエントセンタードセラピーなど意識的な心理療法は，精神分析で言えば適応論的な自我の機制の強化，覆いをしていく視点として検討し，再評価することができよう。

ずその周囲に働きかけることの重要性を示唆する。

　コンテイナー／コンテインド理論は，その交流によって概念が形成され，思考能力を獲得し発達していく機能の発達の仕組みを含んだ理論である。母子関係を原点とするコンテインメントは特殊なものではなく，相手の気持ちを思いやり，それを理解しようとする姿勢と，それによって生じる人の変容を指すと考えてよい。0期の仕事の目的は，定位されていない問題（コンテインド）のコンテイナーとなる生産的で協働的な関係性を醸成し，文字通り「問題を皆で考え，取り組んでいく姿勢」を家族－職場などのクライエントを取り巻く環境に実際に育むことである。この視点はウィニコット（Winnicott 1948）のマネジメント，抱える環境という概念とも通底している。

"具象と排出"→"象徴化・主体化"していく方向性

　精神分析的認識とは症状や問題の意味を探る視点であり，問題の背景にまだ本人にとって未消化な苦痛が存在していると考える。抱えきれない心痛は行動化や症状化によって外部に"モノ"のように排出されている。この外に排出されている"モノ"が，言語化や内省化のようにこころの内部の思考に変わっていく，すなわち"具象的な思考"が"象徴的な思考"へと変容するプロセスが精神分析の方向性である。それは，バラバラに分割されたり，外に排出（投影）されていた問題が個人の意味として収束され，統合され，こころに定位されていく，とも言い換えられよう（P-S → D）。この過程を通じて，自分で自分の人生を決めていく主体化，偽りではない自分を知り，自分らしくなっていくという人格の成熟や成長がもたらされる。この視点は行動上の問題を考えていく上で重要な補助線となる。

治療構造論的認識

　治療構造論については3章で詳述するが，0期ではマネジメント役割と内面探索の役割の多重化が起きやすい。その影響を認識し，できる限り他職種や同僚との役割分担やコラボレーションを構成することを目指す。

　0期においては，たとえば「関係性の緩やかな構造化」（祖父江 2009）

のように一定の外枠を作り，徐々に構造化するなどのように，そのメリット・デメリットを認識しながら設定可能で維持可能な構造をセットアップしていく必要も生じる。ここで強調しておきたいのは，定期的で枠組みのしっかりとした面接を体験し，治療構造感覚を掴んでおくことの重要性である。この基準感覚が無ければ応用や違いを認識し，使いこなすことは難しい。

発達論と発達課題

　精神分析学は，乳幼児からのこころの発達の理解と，ライフサイクル的理解という発達論をもつ。これらは仮説的に問題をアセスメントし，説明する，さらには発達課題や可能性を見立て，「見通し」を述べていく上で重要な武器となる。0期においても，クライエントの生育歴・発達歴を把握することは豊かな見立てをもたらす。実年齢ではなく，「こころの眼」でとらえた発達段階をとらえるのである。精神分析では諸家が発達理論を提起している。ざっとあげても，スターンらの乳児観察からの自己理論，精神分析的愛着理論，A.フロイトの発達ライン，エリクソンのライフサイクル論，クラインの妄想－分裂ポジション⇔抑うつポジションという心的態勢論，メルツァーのこころの次元論，ビオンの思考の発達などがあげられる。これらの理論を補助線とし，心理－発達的な視点で見ていくことが，現在の状態の見極めと共に，介入の是非を見立てるうえで重要となる。これらの発達論をモザイク状にではなく，目の前の実際の事例や現象とつなげて理解し，他者にも平易な言葉で説明できる血肉の知識として身につけることが重要である。

III　職場に入ったら──0期の耕しと治水

　筆者にとってII節で述べたような精神分析的認識を携え，臨床現場へ入っていくことが精神分析的臨床である。その実践を0期の「耕しの過程」と「治水の過程」とに分けて詳述しよう（表1：0期の耕しの過程と治水の過程）（岩倉 2013a）。

①耕しの過程

職場に馴染みながら「場の獲得と確保のために努力」（乾 2010a）する過程を，耕しの過程（乾 2010b）と位置づけよう。"耕し"は，職場において心理的観点が有効に機能するため，場を知り，開墾し，肥料を蒔くといった，土壌を整備する過程である。この過程を通して，場に拡散している臨床心理ニーズを見極め，掘り起こしていく。耕しの過程は，場を「読みと配慮」で見極めながら，スタッフに徐々に浸透し，場に役立つことを考えていくことから始まる。この際，前任者が行ってきた耕しの過程の歴史を知ることができるとよい。引き継ぎにおいては事例のみではなく，この「耕し歴」も共有する。その「耕し歴」のうえに自分なりの耕しを行っていく。「職場の理解がない」と嘆く前に耕しの仕事を地道に行うことが肝要である。

場のアセスメント

まず，職場を衛星写真の視点から職場へと徐々に焦点を絞っていく（国家を最大とするコンテナーからそのコンテインドとの関係を順次見ていく）イメージで，アセスメントしていく。政治や経済，事件やイベント，国民の動向も私たちの仕事と無縁ではない。職場を取り巻く社会・行政の

表1 0期の耕しの過程と治水の過程

時期		目 的	機 能	仕 事	対 象
0期	耕しの過程	心理士として場に馴染み，仕事を獲得する	ニーズの見極めと掘り起こし	場のアセスメント・関係づくり・雑談的コンサルテーション・ミーティング	場全体
	治水の過程	事例化した問題への介入と収束を目指す	理解の促進・環境調整による沈静化・適応改善関係育成的	アセスメント・コンサルテーション・マネジメント・リエゾン・コンテイナーの配置	面接の主体（依頼者や親）・周囲
1期		個人心理療法の契約と実践	心理療法機能内省促進的	関係性の取り扱い特異的な心理療法の実施	個人

意向と私たちの仕事の関係も考えるに値する。

　実際問題として，地域の連携機関，関係機関は重要なコンテイナーである。職場を取り巻く機関の配置と関係性をアセスメントするのが地域のアセスメントである。場を知る際には，その地域の歴史，風土，町並み，人間性などの地域特性を知ることも重要である。

　次に，職場自体をよく知り，観察する。職場では，自らがその場に含まれた一つの変数であることを考慮した参与観察をしながら，職場がどのように機能しているのかという問いをもち，探索的にアセスメントを続けていく。職場の職掌や指示系統を把握し，誰がキーパーソンなのか？　心理職に対してどのような期待・関心があるのか？　期待は適切か，万能的か，あるいはマイナスなのか？　スタッフ同士の関係性はどうなっているか？　意志決定や会議の機能はどのようになっているのか，など見極めていく。その際に，スタッフの中で，誰に負担がかかり，心理的に痛んでいるのかという視点で，集団をアセスメントしていくことが重要である。

　そして，職場の集団としての機能水準を見ていく。これは，集団を見極める力動的な視点であり，個人のこころの連続性やつながりの度合いから病態水準を見るように，集団のつながりや結束の程度を見て，グループの作業水準と健康度を見極めるのである。上司と部下，それぞれのラインの意向が著しく異なっている場合，事態が簡単には進展しない集団力動が働いているだろう。そうして，不満や不安などの陰性の感情がどこにたまっていて，どこが健康に機能しているか，といった職場の心理力動的地図を描き，改訂・更新しながら場のアセスメントは進んでいく。この場のアセスメントによって，誰に関わる必要があるかという関係づくりの見通しがつき，さらに引き続く「治水」の過程における橋渡し（リエゾン）にも活かすことができる。

関係づくり

　関係づくりは，徐々に場に馴染み「いることが当たり前になる」仕事である。挨拶をする，身だしなみを整える，時間を守る，報告・連絡・相談をこまめにする，といった組織人としての常識から始まり，他職種の仕事

を知り，実習や行事，懇親会の参加，機会をみて会話をするというように，能動的に場に働きかけていく。この段階で心理士としてのアイデンティティや方向性を見失わず，自虐的になりすぎない程度に，職場への気配りと目配りを通して，隙間の仕事やニーズを拾い，人間関係を育成していく。異なった専門的視点をもっているスタッフとの関係づくりにおいて，スタッフに査定され，警戒や反発，不信などのネガティブな感情を向けられることもある。あるいは，お客様扱いで蚊帳の外に置いておこうという動きが生じることもある。乾は筆者へのスーパービジョンのなかで，その集団の力動を読み，「アメーバのようにゆっくりと浸透」し，しぶとく生き残ることの大切さを述べている（岩倉 2013c）。

雑談的コンサルテーション

耕しの過程においては，私たちは面接室で待っていてはいけない。職場の関係性の交差点に足を踏み入れ，能動的かつ節度をわきまえながら，日常の会話の中で，困っていそうなスタッフに話しかけていく。普段の会話に混じえ「今週はいかがでしたか？」「あの問題はどうなりました？」と気になる対象者について聞き，「心理士として何かお役に立てないか」という協働的姿勢を示す「雑談的コンサルテーション」を心がける。困難を抱えているスタッフの関わりの努力をねぎらい，愚痴を話してもらってスタッフのメンタルヘルスを促進する。雑談的コンサルテーションは，短い時間で相手の感情を受けとめ，問題を明確化し，心理士の理解を手短に伝えることで，問題の理解を促進し，意味を見出すことを手伝うさりげなく重要な関わりである。

ミーティング・会議・心理テスト

雑談的コンサルテーションよりオフィシャルなものとしてミーティングや会議への参加がある。これは心理士がどのような視点と役割をもつ存在か知ってもらう重要な機会となるため，何か1つは発言するよう努力する。ここでは，場の感情を受けとめる姿勢と同時に適切な見立てや見通しを伝える技術を磨く必要がある。事例検討会，研修会や講演の講師なども重要

な機会となるため積極的に引き受けていく。
　心理テストの実施とそのフィードバックも心理士の有力な耕しの道具になることは言うまでもない。

　0期の耕しの過程は，組織全体に関わることである。組織の目的や機能をよくアセスメントし，特殊な機能を持つ臨床心理職が入っていく構造を理解し，当面は職場機能を促進する黒子的な姿勢で場に馴染み，そのうえで専門性を発揮していく。この不断の耕しの努力が次の治水期につながる。

②治水の過程

　耕しの過程が進展すると，問題と出会い（事例化），その介入と対処が求められる局面が生じてくる。こころに収まりきらない何らかの心的エネルギーが具象的に溢れて，関係性の中で事例化した「洪水」に対処するイメージで取り組む。この何かわからない「考え手のいない考え」（Bion 1962）が集団状況で溢れ，それに対処していくことが潜在的に求められているととらえるのが0期の「治水」の過程の視点である。Ⅱ節でも触れたが，事例化した問題や症状の背景にある情緒は，クライエントが抱えきれず，内省圭なく溢れ出した，未だ思考にならない情緒であり，それゆえに①身体化，②行動化，③内閉化，④関係化などの手段によって，症状や問題として排出されている。また，関係性に投影され，集団状況で転移が生じているととらえることもできる。これらの症状や問題は，将来的に「考え手」を見出し，最終的に個人がパーソナルに抱えていくものである。このクライエントにはどんな物語（転移）が起こりそうか。その過程が進むと，どんなことを二人で発見することになるだろうか。どんな心痛を消化することになりそうか（精神分析的アセスメント）。そして，それをじっくりと対話したり，体験したりできるようになるには今のこの人には何が必要か。そもそもこの人はそれを望んでいるだろうか（精神分析的マネジメント）という問いをもちながら問題に関わっていく。

　治水の過程では①情報収集のためのヒアリングや観察を通して，事例化された問題の登場人物間の関係性を見極め，その水源である問題を見立て，

②さらに堤防や護岸として問題を受け取る環境や人を整備し，③その力を借り，溢れ出たものを受け取りながら情緒的氾濫を収めていく。そうして個人心理療法（パーソナルな方向）への収束を目指していく。そのために能動的なアセスメントとマネジメントが求められ，この治水作業によりコンテイナーを配置し，コンテインメント環境を形成していく。

コンサルテーション・マネジメント

まず関係者には問題の「見立て」と「見通し」が相手に伝わるようなコンサルテーションが求められる。その際「心理士としての一つの視点・仮説である」という謙虚さを忘れず，問題や症状の力動，その背後にある葛藤や感情，さらにはクライエントやその家族が抱えている発達課題やテーマを説明する。このコンサルテーションによって，排出されている「わからない」出来事を理解可能で関わり可能なものへと変え，スタッフそれぞれができることを考えられるように援助する。個人療法の担当でも，クライエントとの二人きりの関係ではなく，職場のなかで行われているという認識が重要であり，その影響を考え，定期的にスタッフに報告し，関わりを断たないことが肝要である。その際，守秘をはじめとする情報共有についての構造を作り，それをクライエントと集団に対して説明するマネジメントが必須となる。守秘に関する取り決めには繊細なマネジメントが求められ，集団守秘義務（組織全体で守秘義務を守る取り決め），限定的守秘義務（クライエントに伝えることと伝えないことを共有していく），限定的報告などといったように職場の機能水準や時期によって工夫し，構造化することが必要となる（岩倉 2003）。これらによって，クライエントの内省を促進することと，スタッフの不安や心配を和らげ，関わりをサポートすることの両立を図り，スタッフの一員としての協働的姿勢を保つ。

主治医や管理職など，管理機能を果たす役割がいる場では，A-Tスプリットのように心理療法機能に集中できる環境が整う[注4]。協働関係が進展すると，それぞれの信頼のもとに役割分担をし，不必要に情報交換しな

注4) そのような管理機能を果たすスタッフと耕しの過程で関係を作り，「開墾」していくことは重要な仕事である。

くても機能する成熟した協働へと発展していく。

関係者との会い方――誰が相談主体なのか

治水の過程において，問題の焦点は力動的に絡み合い，混沌としている。学校場面の不登校という事例化で喩えれば，"Aという生徒の不登校の相談"において，A自身のみならず「不登校の増加に悩む校長」「不登校を何とかしたい担任」「担任の対応が問題だと思っている学年主任」「不登校を心配する父親・母親」「Aとトラブルのあった友人B」……とAを取り巻くさまざまな登場人物があり，その文脈で不登校という問題が事例化している，と地図を描くことができる。この場合，本当に相談を求めている人は誰なのだろうか？　Aが問題と思われやすい状況であるが，問題は集団／個人というコンテイナー／コンテインドの力動的な組み合わせで生じている。治水の段階では，この地図を力動的に眺め，今関わるべき困っている人＝相談主体を見極めることが重要となる。たとえばAに会ってじっくり話をすると，実はAが父母の不仲に悩んでいて症状化していた（子どもが大人のコンテイナーになっている）などとわかってくることがある。治水の過程では，現時点で誰がどのように困っているのか？　目の前の面接者は，この力動のなかのどこに位置するのか？　関係性のどこに関わるのか？　というように考え，当面の問題の相談主体を定め，関わりが可能なところから，たとえば担任→養護教諭→家族というように周辺の治水を進めていく。このように0期では相談主体が巡り動いていくことはよく体験することである。これを通して最も心痛を抱えた主体が相談の主体になっていく方向性を目指していく。

コンテイナーの配置（リエゾン）

この洪水への対処にあたっては，堤防を作り護岸をしていくイメージで流れを整え，流域の整備を進めていく。

クライエント，スタッフ，家族それぞれ相互に関係性があり，問題下ではしばしば負の情緒（不信感，被害感，無力感）がやりとりされている。心理職は適切なコンサルテーションで理解や関わりの助言を重ねることで，

それぞれのコンテイナーとなることを心がける。それが発展しスタッフや家族などがコンテイナー／コンテインドとして相互的に機能すると，集団内のコンテインメントの連鎖と良い循環が生じていく。健康な水準の問題であれば，この個人療法の前の治水作業において問題が収束することも経験するだろう。ただ，この場合には注意が必要で，そこにある心痛が見かけ上消失しただけで，地下に潜って個人がひそかに抱えてしまっていないかの見極めが重要になる。

　治水の過程において，このように地域，職場，家族といった力動のアセスメントを基に，コンサルテーションによってその機能不全を回復し，マネジメントを通して多層的で相補的なコンテイナーを形成し，職場集団を作業集団（Bion 1961）として機能させていくことを目指す。こうして「協働関係を通じたコンテインメント」（平井 2011）機能を場に形成していくことができると，関係づくりが軌道に乗り，より専門性が発揮できる場が形成されてくる。治水が進み，排出−投影されていた心痛が面接室内の転移に収束していくと，内省的な１対１の精神分析的心理療法の第１期が機能する準備が整う。ここからが個人心理療法の出番である。

文　献

Bion, W. R. (1961) Experiences in Groups and Other Papers. London: Tavistock Publications, pp.7-191.（池田数好訳：集団精神療法の基礎．岩崎学術出版社，1973．）

Bion, W. R. (1962) Learnig from Experience.（福本修，平井正三訳：経験から学ぶこと．精神分析の方法Ｉ——セブン・サーヴァンツ．法政大学出版局，1999．）

平井正三（2011）精神分析的心理療法と象徴化——コンテインメントをめぐる臨床思考．岩崎学術出版社．

乾吉佑（2007）医療心理学実践の手引き．遠見書房．

乾吉佑（2010a）精神分析的アプローチの実践と臨床の「場」を読むこと——心理臨床のコンサルテーションの視点から．精神分析研究 54(2): 105-111.

乾吉佑（2010b）治療ゼロ期の精神分析．精神分析研究 54(3): 191-201.

岩倉拓（2003）スクールカウンセラーの訪問相談．心理臨床学研究 20(6): 568-579.

岩倉拓（2013a）治療0期の耕しと治水．乾吉佑編：心理臨床家の成長．金剛出版，pp.164-186.

岩倉拓（2013b）学校集団における投影同一化とこころの痛み．井上果子・馬場謙一監修：子どものこころの理解と援助——集団力動の視点から．日本評論社．

岩倉拓（2013c）関係づくりの方法を知る——学校場面での関係づくり．臨床心理学 13(6). 金剛出版．

Malan, D. H. (1979) Individual Psychotherapy and the Science of Psychodynamics. London: Butterworth.（鈴木龍訳：心理療法の臨床と科学．誠信書房，1992.）

松木邦裕（2009）精神分析体験：ビオンの宇宙．岩崎学術出版社．

小此木啓吾（1990）治療構造論序説．岩崎徹也ほか編：治療構造論．岩崎学術出版社．

祖父江典人（2009）転移と逆転移の観点から教師へのコンサルテーションを考える．子どもの心と学校臨床 1: 60-68.

Winnicott, D. W. (1948) Paediatrics and psychiatry. In Collected Papers, pp.157-173. New York: Basic Books, 1958.（小児医学と精神医学．北山修監訳：小児医学から精神分析へ．岩崎学術出版社，2005.）

コラム―初心の臨床家に伝えたいこと，そしてお薦めの1冊 ❺

推理力を養うこと

乾 吉佑

　心理アセスメントを有効にし，見立て・見通しを図り心理療法やカウンセリングの関わりを，クライエントに効果的に役立てるにはどうするかは，どの時代の臨床家にとっても大きな課題である。もちろん，臨床経験を積み重ねて来なければ，見立てや見通しがクライエントに適切かつ有効化するに至らないのは言うまでもない。しかし，それで終わっては身も蓋もない。それゆえ，本書のメイン執筆者が読者にヒントやアイデアを提供している。私もこの小さなエッセイで，臨床家が経験を積み上げることと共に"豊かな推理力を大いに発揮すること"の必要性を強調したい。

　最近とみにそう思うのは，アセスメントばかりか心理療法でも，目の前で展開する問題や症状の推移ばかりに関心が集中する，クライエントへの視野狭窄が目立つからである。「こうかな」「ああかな」と矯めつ眇めつ，今ここで生じている事象を吟味する人間理解への推理力が極端に薄くなっている。もしかしたら，それは臨床の知よりも，実証主義優位の科学的な知が尊重される機運にもよるのかもしれないし，推理力を活性化する深みのある小説が好まれないこの時代の特性なのかもしれない。

　人間の心理行動は言うまでもなく，各自の心の層の種々の積み重ねの結果生じている。ところが，臨床家が，推理力を大いに発揮せずに，目に見える了解可能な問題行動や症状理解にのみ専念してしまうと，今はまだ示さず秘められたままでいるクライエントの奥深い苦しみや生きにくさの根源は，氷解せぬまま心の層に底流し固定化されたままになる。

　クライエントの問題を含む心の層を多角的に多次元から展望できる基本的な見方があれば，われわれ臨床家の推理力はもっと豊かに縦横に発揮することが可能なのではないだろうか？　私自身ほぼ40年近く前，その啓示にも似た臨床家の推理力のヒントを貰うことになった書物が，『医療心理学読本』（小此木啓吾編著，からだの科学増刊10．日本評論社，1979）であった。

この本では，医療という一種の応用分野で，力動精神医学，心身医学における深層心理学的理論の基礎をなしている精神分析の「精神力動論」,「発達とライフサイクル論」,「不安とうつの病理」,「パーソナリティの障害と不適応現象」などの基礎理論を医療心理学の臨床とのかかわる範囲で概説している。つまり，人間の心理行動を理解，推理する基本的観点が網羅され，しかも医療のみでなく教育・産業・福祉の各臨床場面での課題までも検討されている。本書によって読者はクライエントの問題を見つめるまなざし＝推理力を活性化されるにちがいない。

2
出会いの体験とそのアセスメント

湊 真季子

I はじめに

　初学者にとって，「力動的な見立て」と言うと，精神分析的な専門用語を駆使してクライエント像や集団の力動を描き出すというイメージがあるかもしれない。また，経験の少なさを補うために，精神分析の理論に沿うようにクライエントのこころの状態を理解していこうとしがちである。

　実際に，事例検討会などでは，「このクライエントは"自己愛的"だ」「"病理"が重そうだ」「不安を"防衛"するための"強迫的行為"」などの表現や専門用語を用いたやりとりがなされることが多い。しかし，これらはクライエントに対しては使用できない言葉であり，通じない理解である。"生"の臨床場面で必要となるのは，このような理解を通してさらに**誰に，どのような言葉を使って，何を伝えるのか**を具体的に考えることなのである。自分の頭の中や検討会などで「このクライエントは〜だろうな」と漠然とイメージしたり，仲間内で感想を述べ合ったりすることと，自分が考えたことを言葉で目の前にいるクライエントに伝えることとの間には隔たりがあり，この隔たりについて考えられるようになることが臨床家には求められるのである。

　特に，臨床経験の少ないひとたちは，クライエントと長期の個人セラピーを持つ機会よりも，短期間や不定期の関わりを持つ場面や，組織内で連携的な動きを要求される現場で働くことが多いであろう。相手に伝わるような言葉を自ら考え，主体的に発言したり動いたりする能動性はそうした

臨床場面においてより必要とされる。

　そのためには，クライエントと会ったとき，集団に入ったときに，自分自身がどのような体験をしたのかを可能な範囲で把握し，そしてその体験に沿った"生きた"言葉を見つけ出す作業が必要である。この章では，そのプロセスについて具体的に説明していく。

II　力動的アセスメントとは

　まず基本となる姿勢は，私たち誰もが日頃何気なく，特に意識することもなく**体験していることに注意を向け，意識化する**ことである。

　初対面のひとを前にしたとき，私たちにはどのような反応が起こるであろうか。表に現れる反応としては，微笑む，挨拶をするなどのアクションがあるであろう。これらはかなり意図的でコントロールされた反応であり，比較的固定化されたものである。一方，内的な反応としては，「優しそうなひとだ」「緊張する雰囲気」「苦手な感じ」「このひとに好かれたい」など，さまざまなイメージや感覚や思いなどが沸き起こるであろう。これらは意図せずに沸き起こってくる反応であり，かつ刻々と変化し続ける動きのあるもの＝<u>力動的</u>＝である。このような動きは，対面した両者双方に起こり，さらに相互の動きが絡み合って新たな動きや関係性が内面に生じる。「最初はよそよそしい感じのひとだと思ったが，どうも相手は緊張していたようだ」といったもので，このような内的な関係を<u>対象関係</u>とも呼び，その関係性を<u>転移関係</u>とも言う。

　当然ながら，心理士としてクライエントに出会ったときも，私たちのこころはさまざまに動き，見立てるという立場に沿った視点，客観性を一部失う体験をすることになる。たとえば，若手の心理士は中年のクライエントを前にすると，つい身構えてしまうということがあるかもしれない。専門家としての客観的な視点や姿勢を失うような体験を，力動的理論では広い意味で<u>逆転移</u>と呼ぶ。

　どのような心理学的理論や臨床的技法であれ，それらを用いたり実践したりする臨床家とクライエントという生身の人間がまずありきである。若

い男性クライエントに対して認知行動療法的な課題を，若い女性心理士が与えるのと中年の男性心理士が与えるのとでは，課題は同じでもクライエントは異なる体験をしているのである。身体を扱う外科医と患者という関係においても，患者の症状や，医師の診断の正確さや技術の高さに関する情報が相互にやりとりされるだけでなく，信頼関係という目には見えない関係性を巡ってさまざまな思いや気持ちが交錯し合って治療方針の合意に至るものであろう。

　つまり，力動的な視点とは，**私の中で，そして私と他者との間でさまざまに変化していく多様な関係性**を意識化していくことであり，日常的であるがゆえに臨床に沿ったものなのである。

Ⅲ アセスメントにおいて心得ておくこと

　まず重要なことは，**アセスメントは実際にクライエントや集団と出会う前から始まる**という認識を持つことである。

①クライエント本人に出会う・集団に入る前に得た情報の扱い

　私たちが実際にクライエントに会ったり，組織に入ったりするまでのプロセスは，家族，医師，教師，ワーカー，保健師，インテーカーや受付，前任者といった他者，あるいは教育委員会や児童相談所といった組織からリファーされるケースが少なくない。この場合，彼らから直接，あるいはカルテなどで間接的にクライエントに関する診断や見立て，集団についての情報，印象などを事前に受け取ることになる。

　このときに注意しなければならないのは，実際に自分がクライエントを前にしたときや集団に入ったとき，彼らに対して，事前に得た情報や見立てとは異なる印象を抱いても無意識のうちにそれを否認してしまったり，紹介者からの情報に沿うような要素や情報を拾いあげるような話の聴き方や見方をしてしまったりすることである。先に触れたように，関係性は多様であり変化するので，**紹介者とは異なる印象を抱くことはよくあること**である。クライエントの態度が意図的であれ無意識であれ，臨床家の性別

によって変化することやその逆の現象はよく見受けられるであろう。

　他者からの情報や見立ては，絶対的なものや正しいものとして引き継ぐのではなく，あくまでも情報のひとつとして受け取るものである。そのうえで，それらと自ら得た情報や印象との共通点やギャップはどこにあるのか，なぜギャップが生じたのかということもアセスメントの素材として考えていく。ギャップがあるという現象に目を向けることは，クライエントとの転移関係や自分の逆転移を知る手掛かりにもなる。

②逆転移について

　クライエントや組織に対して沸き起こる感覚やイメージなどが自身の逆転移によるものなのか，相手からの投影によって生じているものなのかを判別することは困難であるし，明確に線引きできるものではない。大事なことは，その両方の可能性を意識化し，吟味していく姿勢を維持していくことである。たとえば，他のスタッフからは，傲慢な女性クライエントであるという情報を得ていたのに，実際に自分が彼女を前にしたとき，危うげな印象を抱き，手を差し伸べたくなる感じに襲われ，いつも以上に言葉に気を遣ったという出会いの体験があったとしよう。それらの現象は，彼女が他者を自分の思うような対象に仕立て，コントロールしようとする関係性をスタッフとの間で展開していた，つまり投影によるものだったのかもしれないし，自分自身が日頃から他者に対して世話を焼く立場を取りがちで，それによって自己愛的な満足感や達成感を得ようとする逆転移反応だったかもしれない。

　臨床家によっては，逆転移を悪いことのように感じてそれを否認しようとしてしまうことがある。しかし，そのことの方が良くないのである。なぜなら，いま・ここでという臨床におけるリアリティ，真実をごまかすことになってしまうからである。**自身の対人関係における傾向や逆転移反応に気づくと，クライエントの内面について奥行きを持って見ることができ**るようになる。先の例では，世話焼きな自分を意識化するように努めることで，彼女が傲慢な態度をとる裏には，世話を焼かれたがっている依存的な部分と，甘えることによって相手に主導権を握られるのではないかとい

う空想によって依存したい気持ちを打ち消そうとする部分もあることがわかってくるかもしれない。

③曖昧な対象としての臨床心理士というアイデンティティ

　臨床心理士は何をするひとなのであろうか。助言者，性格を言い当てる占い師みたいなひと，親身に話を聴くひと，何もしないひと，心理テストをするひと，医師の補佐役，家族や教員を批判するひと，味方になるひと，といったようにクライエントや家族，職場のスタッフからさまざまなイメージを持たれたり，要望や期待を寄せられたり，逆に期待もされず戸惑ったりする経験のあるひとは多いだろう。

　臨床心理士は専門職にも関わらず，職場で連携を組むことの多い医師，看護師，ソーシャルワーカー，教員，保育師など他の専門職とは異なり，**第三者にとって，何をするひとなのかがわかりにくい**。クライエントや職場によって期待されることが異なるという点が特色の一つでもある。言い換えると，**他者からさまざまな投影を受けやすい存在**ということである。

　そのため，自分が**相手からどのような投影を受けているのかを知ろうとする作業**もアセスメントでは必要である。それは，あえて相手や組織の期待に乗る形で対応するか否かという能動的アセスメントや，職場で自分が果たせる役割や機能を考えるための手がかりとなるからである。

　初期の段階から無自覚に相手の期待に沿う，望むような対象になってしまうこと，言わば**投影同一化**に陥ってしまったり，自分が考える臨床心理士像を相手に一方的に押し付けたりすることは真に主体的に機能しているとは言えない。クライエントから助言を求められていつのまにか助言者になってしまうことと，このクライエントにはまずは助言が必要だとアセスメントしたうえで，あえて助言者の立場をとるのとでは，助言という行為は同じでも内的な力動関係は異なる。先の場合は，クライエントがより能動性を発揮している状態（二人の関係をコントロールしているとも言える）で，後の場合は心理士が主体的に機能していると言えよう。

　また，組織の中における心理士の立ち位置や役割を巡って，しばしば私たちが陥りがちなこととして，心理士は，職場で心理学的観点から意見を

述べることを求められているという心理士像に囚われるあまり，その立ち位置を他のスタッフに受け入れさせようとしたり，心理学的な視点を持てなかったり受け入れなかったりする他職種や集団に対して理解がないと批判したり，彼らの無理解が原因で心理士として十分に職場で機能できないと考えてしまったりすることがある。こうした動きや考え方は組織や集団にとっては支配的で独りよがりなものとして映り，ますます集団から排除されることになってしまう。

　組織で特に必要なアセスメントのプロセスは，まずは集団が自分に対してどのような投影を向けているのかをアセスメントしていくことである。はじめに述べたように，関係性は動きや変化のあるものなので，集団内の役割を段階的に変えていくことで，心理士が集団から期待されることも変化していき，心理学的観点から意見を述べるひととして受け入れられていく力動が生じてくるのである（湊 2000）。

　以上述べてきたことをまとめると，アセスメントで重要な視点は，**クライエントや集団からどのような心理士像を抱かれているか（投影をうけているか）を見極めていく（意識化していく）こと**，そのうえでどのようにふるまうかを考えていくことである。

　この視点が大事なのは，その後の私たちとクライエントや集団の関係性に影響を及ぼすからである。たとえば，私たちが無自覚に，クライエントや集団が要求する通りにふるまうと，私たちのことをコントロールできる対象とする見方（投影）が彼らの中に生じるかもしれない。その結果，クライエントや集団との関係性が，彼らの欲求不満をただ満たし，問題や心的痛みを回避させるような<u>共謀関係</u>となってしまうかもしれない。あるいは，彼らが，私たちの主体性の無さや無能力感を感じとり，専門家として頼ることができないという不信感や不安を抱くようになるかもしれない。しかしながらこの逆もあり，彼らの投影を一旦受け入れる段階を経ないと，たとえ私たちが良かれと考えた心理学的観点に沿った意見を彼らに伝えても，新たな視点や理解をもたらしてくれる対象として彼らに体験されるのではなく，彼らの既存の役割や機能を失わせるような対象（狩野 1994）や侵入的で支配的な対象として見なされ，拒絶されたり排除されたりする

こともある。

④出会いの場のセッティング，構造化とその影響について考える

　クライエントや集団と出会うにあたっては，当然ながら場所と時間がセッティングされる。「開業オフィスの面接室にて〇時」といったように，構造化されたセッティングもあるし，「病棟に午後から2時間ほど見学のために入る」といった緩い構造もあるだろう。

　最初の出会いのセッティングについて，クライエントがどのような体験をするのか想像することもアセスメントでは大事である。**どのような時空間で出会うかは，クライエントの空想を刺激し，彼らが抱く心理士像のイメージ形成と密接につながる**からである。

　スクールカウンセリングや学生相談，あるいは病棟などのように，出会う空間がクライエントの生活場面に位置づけられている場と，教育相談室，児童相談所，病院外来，開業オフィスなどのように，心理士が属する場とでは，セッティングに対するクライエントの心境が異なることは想像できるであろう。後者ほど，クライエントにとっては未知で敷居の高い空間となり，不安や緊張感が高まることが予想される。

　前者のような構造の場合，その場の構成員は限定され，頻繁に変化することなく安定している。そこに心理士が入ることは，その空間に異質なひとや新規のものが入る状態となる。それは，そこにいたひとたちの内的な関係性や集団力動に刺激を及ぼし，ときに侵入的な行為ともなる。一方，後者の構造の場合，私たちは自分の所属する職場に馴染み過ぎてしまっているために，クライエントが私たちに対してだけでなく，出会う空間（システムも含め）に対してもさまざまな空想や不安を抱く，という視点を見失いがちである（湊 2009）。

　こうした点を踏まえて，たとえ主体的に動く権限がほとんどない見学者や実習生，臨時の補助要員だったとしても，クライエントや集団に対して自分がどのような立場で来ているのか自己紹介することは最低限必要なことである。また，クライエントが心理士の所属する空間に来室する場合は，「マンションの一室で不安に思われたかもしれませんね」「紹介先が内科で

はなく，神経科クリニックでやや抵抗感があったかもしれませんね」など，緊張感や不安を軽減するような言葉がけをすることは重要である。

IV アセスメントの実際

　では，実際にクライエントを前にしたり，集団に入ったりしたときに，私たちはアセスメントのためにどのように情報収集をしていけばよいのだろうか。

　当然ながら，会話や質問など言葉による情報収集は必要不可欠だが，クライエントと同じ時空間や，集団の中にいるときに自分が感じたり，観察したりしたことも同じくらい重要な情報である。そこには，**クライエントや集団の，言葉にならない，語ることができない情報**が含まれているからである。

①感じること

- 初対面のときにクライエントに抱いた印象やイメージ（ex. 動物のイメージでも芸能人でも）を留めておく。

　　最初にクライエントを前にしたときに抱いた素朴な印象，ふと思い浮かんだイメージや感覚などは，クライエントを理解するうえで重要な情報の一つである。「目の前の彼は妙に低姿勢だが，家では結構いばっているのではないか」「カマキリみたいなお母さんだ」「彼女が彼氏に甘えている姿は想像できない」など生き生きとした言葉で描けるとよい。反対に，「とらえどころがない，イメージが湧かない」という場合もあり，それもクライエントのありようをキャッチしていることになる。意味がわからない，脈絡もない，くだらないなどと考えて流してしまうのではなく，記録などに残しておくとよいだろう（湊 2003）。なぜなら，そういった形で直観的にクライエントの対人関係のあり方や生活の志向性などをキャッチしている場合があるからである。心理療法がかなり経過してから，最初に抱いたクライエントの印象の中にこそ重要な情報が含まれていたことに気づくことはよく

あることである。
- 同じ空間にいるときの感覚（ex.圧迫感がある，窮屈な感じ，存在感が薄い）を意識化してみる。

　緊張感などは初対面のときに誰もが体験しやすい感覚であり，緊張を感じているのは自分なのか相手なのか，双方なのかということは判別しにくいものである。このような場合，よりぴったりとくるような言葉を思い浮かべるようにするとよい。たとえば「何も言えないような圧迫感」だとか「体を動かしづらい感じ」などのように，むしろより主観的な表現の方がクライエントを理解するうえで手がかりとなることがある。組織においても，初めてその集団に入ったときにその場の雰囲気のようなものを感じとる体験は誰もがあるであろう。「なんとなく空気がどんよりして暗い雰囲気」「きびきびした感じが伝わってくる職場」といった感覚もその組織内の集団力動を理解するうえで役立つ。

②**観察すること**

　前述した，感じることは，私たちの主観的な体験に基づくものである。観察することは，より客観的なデータとなる。クライエントの状態，病理，パーソナリティを見立てるうえで，担当者の個性や偏見などが入りにくい。しかし，観察できたことだけからクライエントの状態を推測すると，短絡的，知的理解に偏りかねない。

　以下，観察する点をいくつか挙げてみた。
- 約束の時間通りに来室するか

　初回のみで判断することは危険だが，約束の時間の遵守は，社会における適応性やパーソナリティの傾向，私たちと会うことに対するクライエントのモチベーションを知る手がかりとなる。天候や交通機関の乱れなど外的な理由のない限り，初回から遅刻してくる場合は，セッティングに対するクライエントのなんらかの反応と考えてもよいであろう。明らかにクライエントの意図が見えたり，まったく無自覚のようであったり，意図があるのかないのか判別がつかなかったりする

などさまざまなケースがあるであろう。それらはクライエントの病理を推測するうえでも役立つ。

- 服装や身だしなみ

　クライエントの年齢，性別，職業と身なりのギャップや服装の乱れなどの有無も，クライエントの社会性，パーソナリティの傾向，病理を見立てるうえで必要な観察事項である。特に奇異な感じの化粧や身なり，清潔感のない服装の乱れなどは，精神病性の病理の可能性もある。

- 顔色，視線の動き

　これは上記の点とも重なるポイントだが，顔色の良い悪いは抑うつ状態や何らかの病理（たとえばアルコール依存症）などの指標になることがある。また視線が下を向いている，合わせない，動き回るといった，視線の向きや動きからも不安や緊張感，抑うつ状態などの精神状態が推測できる。

- イスの腰掛け方，話し方，声のトーン

　クライエントの話す内容と話し方や声のトーンは一致した感じかギャップがあるか，話しているときの座り方やその変化はあるか，などに注意を向けると，クライエントが内的にはどのような状態にあるかアセスメントできる。たとえば，対象喪失に関わるエピソードを面白おかしく語っている場合，喪失という体験に伴う苦痛や悲しみ，傷つきを躁的に否認し，なんとか自分を保とうとしていると考えることができる。

③クライエントや集団の言動でパターン化（反復）されていることがあるか

　誰にでも特徴的な話し方やしぐさがあるし，似たような話題や行動を繰り返してしまうことはよくある。そうした反復からはさまざまなことが推測できる。たとえば，「どうせ」という言葉を頻繁に使う女性クライエントはマゾキスティックな性格であるとか，仕事に関する質問をすると常にいらだった様子で答える男性クライエントの言動は，去勢不安の現れとその防衛の仕方（Freud, A 1936）とか見立てることができるかもしれない。

当然ながら，集団においても同じようなパターンが繰り返されるということは起きる。

④質問（確認）すること

質問の順番は，クライエントが侵入的と感じたり，過度に防衛的になったりしないように，まずはクライエント自身が問題視していることや意識化していることを明確化し，現在の生活状況や問題への対応に関することなど現実的なことから，徐々に生育歴や家族歴，内的なこと（前意識的なこと）について触れていく。臨床現場では，いま・まさに困って焦燥感にかられて相談に来るクライエントも少なくないし，すべてのクライエントが複数回のアセスメントや詳細な生育歴や家族歴を必要とする治療を求めてくるわけではない。いきなり初回から家族や生育歴を詳細に聞くことは，クライエントにとっては的外れで戸惑うような対応として映ることもあるだろう。

少なくとも初回に最低限確認しておく現実的なこととしては，以下の点が挙げられる。

- 主訴としていることや症状の期間，過去にも生じたのか（治療歴があれば，どのようなやり方で，なぜ終わったのか）。
- 来談は本人自らの希望か，他者（家族，医師，教員，上司など）の薦めか。子どもの場合，来談前に説明を受けているか否か。
- なぜ今この時期に相談しよう，治療を受けようと思ったのか。
- 薬物治療をしている場合は，その期間や効果，医師からの説明の有無について。
- 薬物治療をしていない場合は，その治療が必須である精神疾患の可能性を除外する質問（ex. 睡眠状態，食欲の有無，体重の増減，気分の波，希死念慮の有無，拒薬の有無など）。
- 期待することやこうなりたいという将来のイメージがあるか。
- 経済状況，相談や治療のために時間を捻出できるのか，周囲に協力者や理解者がいるのか，秘密なのか。

V アセスメントとしてまとめあげるために考えること

　情報収集のプロセスと別途に行うものではなく，同時進行的に考えていかなければならない。

①逆転移や初期に抱いた印象やイメージを手掛かりとしてクライエントや集団に内在する対人力動や関係性のあり様を描く

　先に記したように，逆転移やイメージは，まさに今ここでクライエントや集団と接したことによって生じるものであり，クライエントや集団の常日頃の対人場面における関係性のあり様を予測するものとなりうる。

②反復される言動を見極め，そこからクライエントや集団の適応力や病理を見立てる

　情報収集において，クライエントや集団の中に繰り返される言動やエピソードなどが見出されたり，実際に自分との間で同じような言動が反復される（**再演**）場合，そのクライエントや集団の反応の特徴や傾向として捉える。言動やエピソードの内容からは，パーソナリティの傾向，防衛のパターン，退行の仕方や度合いなどの見立てが可能である。

③症状や問題の原因となっていることや発症の経緯のうち理解できたことは何か，わからないことや抜け落ちていることは何か

　初学者はクライエントのことを理解しようとするあまり，よくわからないことや不明な点があっても自分の中でつじつまを合わせ，相手に"共感"しようとしがちであるが，共感とは意図的になされるものではない（藤山 2003）。実際に，1回で理解できることや得られる情報は限られている。そうした中で，初回で確認できてもよいと思われる情報が曖昧だったり，確認しづらかったりしたことがあるか，あったとしたらそれはなぜなのかを考えていくことがアセスメントではむしろ重要である。そのためには，不思議だと感じたこと，わからないと思ったこと，違和感などを自分の中に留めていけるようにならなければならない（土居 1977）。

たとえば，長年にわたる両親の不和による人間不信を主訴に来談した女性クライエントが，幼少時からの家庭の状況を詳細に語ったのに，カルテに記載されていた1歳違いの妹のことについてはほとんど触れなかったとしたら，妹との関係は特に問題がないので語らなかったのだろうと納得してしまうのではなく，どこか不自然さがある，よくわからないという感覚を持つことによって，さらにクライエントのことを考えていくことができる。つまり，両親の不和を語ることは彼女と妹との葛藤的な関係に対する<u>隠蔽記憶（スクリーンメモリー）</u>かもしれないというような，奥行きのある視点で考え巡らすことができるようになるのである。

④クライエントの年齢からライフサイクルや発達段階で生じやすい問題や病理の可能性を探る

　前述した隠蔽記憶という概念によって，妹との関係性に視点を向けることができるように，理論や概念は，私たちが臨床場面で体験したことの意味を多面的に考える際に必要なものである。なかでも発達論的な視点はアセスメントにおいて重要である。思春期の男子と中年期の女性がそれぞれ「イライラして落ち着かない」と訴えてきた場合，主訴や表に現れる症状は同じでも，発達論的にみるとその背景は異なることが十分に考えられるであろう。思春期の男子の場合は性的な衝動の高まりが，中年期の女性の場合は心身にまつわる喪失体験が関わっているかもしれないと推定できるのである。さらに，<u>口唇期・肛門期・性器期という精神一性的発達理論</u>からは，実年齢に沿った発達課題だけでなく，心的な発達段階に関する視点から問題や症状を考えることができる。中年期の女性の症状が娘の一人暮らしの時期から始まり，その頃から飲酒量が増えていることがわかってきたとしたら，内的には依存に関わる口唇期に退行してしまっていると理解することもできるのである。

VI 言葉にすること＝見立てを伝え，話し合う

　考えたことをいかに言葉にして伝えるかというプロセスである。このプ

ロセスがコンサルテーションやマネジメントにもなる。ここでのポイントは，できるだけ**クライエントや関係者が使った，もしくは馴染んでいる言葉を使用して伝えること**，同時に，**私たちの中に浮かんだイメージや生じた感覚に沿った言葉も入れて伝えてみる**ことである。さらに，現時点ではまだわからない点や疑問に思ったことなども伝えることが，継続的な面接のためには必要である。

　以下，初回で伝えるとよいと思われる点や伝え方における工夫を挙げてみた。

- 薬物治療が必要であると見立てた場合は，それをサポートするマネジメントがなによりも優先される。
- クライエントが未成年の場合や自殺の可能性がある場合は，環境調整（家族との関わり）を優先させる。
- クライエントが問題視したり，改善したいと考えたりしていることと，自分が着目したことで，一致する部分と一致しない部分を共有する。

　一致した理解や考えは共有しやすいが，不一致な点は相手を不安にさせ不快にさせるのではないかとの思いから伝えにくいものである。

　しかし，逆説的ながら，初回であっても自分とは異なる視点，予期しないような体験がわずかでもないと，クライエントは手ごたえが無いと感じてしまう（湊 2007）。不一致な点を伝えるためには，相手に不必要に不安や不快感，不満足感を高めさせないように工夫することが必要である。たとえば，「初回や初期の段階では，問題と感じることやのぞむ方法がすぐに一致しない場合がしばしばあります」と**一般的なことであることを伝えてみたり**，考えを聞いてどのように思ったのかを質問してみるとよいであろう。**見立てに対するクライエント自身の感想や考えや面接体験の感想を聞くことは，クライエントの主体性を尊重することであり，面接へのモチベーションを刺激することにもなる**。これは児童が対象でも言えることである。

- クライエントに通じやすい言葉を選ぶ。

　アセスメントのプロセスで描いたクライエントの人物像を活かしたり，面接室で感じた感覚などからクライエント個人の体験に近い言葉

を織り交ぜて説明したりする。たとえば「申込書にパニック発作と書かれていますが，"職場だと息がつまりそうな感じ"になるということなのですね」とか「外では緊張するあまり家ではイライラして家族に当たりやすく，そのギャップにご自分でも困っているのでは」などである。

- クライエントや組織からの質問や要望の中で，わからないこと，不可能なことや約束できないことはそれを明言する。

　心理士としての役割や機能の限界を提示することも専門家として重要な姿勢である。"もの分りの良い"専門家になろうとすることは，実は，自身の自己愛や万能感を満たすためだったり，クライエントや組織との関係性が共謀関係になっていく可能性がある。わからないこと，予測不可能なことを抱えていくこと（Bion 1962）も臨床家のもうひとつの仕事の側面である。

Ⅶ まとめ

①自分が何を感じているのかを意識化すること，その感覚や感情に言葉を当てはめてみること。
②自分がなぜそのように感じているのか，あるいは感じていないのか，その意味を考えてみること。
③意味を考えるときに，観察して得た事実，理論や概念などに照らし合わせてみること。
④わからないことに持ちこたえ，それを抱えること。
⑤理解できたことだけでなく，まだ理解できてないこと，相手の期待と自分の考えの不一致などを言葉にすることで，お互いの間にギャップもあるという現実を共有しよういう姿勢を示すこと。
⑥ギャップや不一致な点があることを伝えるときには伝え方を工夫すること。
⑦相手に伝える言葉は，抽象的な言葉ではなく，相手がよく口にしたり，馴染んでいる言葉や，①で浮かんだ言葉を使ってみること。

参考文献

Bion, W. R.（1962）Learning from experience.（福本修・平井正三訳：経験から学ぶこと．精神分析の方法Ⅰ——セブン・サーヴァンツ．法政大学出版局，1999．）

土居健郎（1977）方法としての面接．医学書院．

Freud, A.（1936）Das Ich und Abwehrmechanismen.（外林大作訳：自我と防衛．誠信書房，1958．）

藤山直樹（2003）共感という罠．精神分析という営み．pp.139-156．岩崎学術出版社．

狩野力八郎（1994）多職種のチーム活動における集団力動．方法としての治療構造論．pp.218-226．金剛出版．

湊真季子（2000）ウチとソトの境界膜としてのスクールカウンセラーの機能．心理臨床学研究 18(5): pp.499-510．

湊真季子（2003）私にとってプロセスノートを書くこととは？ 精神分析研究 47(2): pp.127-132．

湊真季子（2007）心理療法における予測不能性．精神分析研究 51(1): pp.1-11．

湊真季子（2009）「馴染む」ことを巡る交流．精神分析研究 53(4): pp.443-453．

小此木啓吾ほか（編）（2002）精神分析事典．岩崎学術出版社．

3
精神分析的心理療法と治療構造論的理解

中村 留貴子

I はじめに

　精神分析的な心理療法における治療構造論的な認識と理解については，すでに広く共有されるようになっているが，その基本的な考え方や臨床的意義について改めて整理してみるとともに，現在の私たちの心理療法実践においてとりわけ重要かつ有用と思われる点について述べてみたいと思う。
　小此木による治療構造論は多岐にわたっており，多義的な要素を含んでいる。この場合の治療構造は構造化された治療構造を前提としている。治療構造それ自体は，どのような方法論による心理療法であれ，クライエントとセラピストを取り巻く情況や環境として，いわば現実的側面としていつもそこに存在している。治療構造論における治療構造は，そのような現実的な構造を，一定の規則性や恒常性を保ち，容易には変更されないような形式と取り決めに基づいて構造化した設定の在りようを指している。そこには，セラピストが意図的に設定する枠組みもあれば，受身的に引き受けざるを得ないもの，自然発生的に生まれてくる相互関係的なものなど，いろいろな構造的要素が含まれる。
　また，一定のルールと秩序を重んじるという意味で父性的な側面と機能を持ちながら，その父性性に支えられることで安定し，かつ安全な空間が保証され，受容し育むという母性的な機能をも提供することにつながるという側面もある。さらには，転移関係を促進する媒体としての機能，内的現実と外的現実が出会うことのできる場としての機能なども含まれる。そ

のような治療構造自体の持つ諸特徴を踏まえながら治療構造論的に見てみる（治療構造の分析）と，治療構造がクライエントの内面ではどのように体験され，どのような治療関係が展開しているのかを考えるための示唆や手掛かりがより得られやすくなる。無意識的な空想や転移関係が治療構造を媒体として立ち現れていると感じることは実に多い。とりわけ，初期のアセスメント面接から契約，継続的な面接へという過程においては，治療構造論的認識をとり入れることによって，クライエントの個別性に基づいたきめ細やかで妥当性を伴った設定を模索し，選択することが可能になる。

　そもそも小此木は，背面寝椅子横臥の自由連想法による精神分析療法に特有の治療構造と治療技法をめぐる研究の過程で，エクスタインがフロイトを引用して，「構造的な関係の中で観察されたクライエントの精神活動の現れは構造に対してすべて同じものではない。むしろ，構造は新しい観察をもたらし，新しい技法を示唆し，新しい理論を生む。そして，この新しい理論と技法は，構造の一部となって，再び新しい発見を生み，古い構造をより一層有用な道具にする」と論じたことにヒントを得て治療構造論を展開した。一定の構造が設定されることによって個別性が際立つとともに，未知への道が開かれ，そこでの発見がさらなる再構造化を促すことになる，という構造論的な思考に導かれて，治療構造の諸要素とその機能について研究するようになり，やがてその認識と方法論をさらに発展させ，力動精神医学の実践，入院治療における治療環境とその構造化についての認識，家族療法における観察と理解の準拠枠などにも広げていった。したがって，治療構造論はあらゆる領域における精神分析的な心理臨床の認識と理解の準拠枠として機能し，活用可能な概念だが，ここでは，治療関係の理解を中心に整理してみることにする。

II　治療構造の諸側面

①意図的に設定される治療構造

　心理療法の開始に当たり，セラピストは面接を継続するための一定の治療的枠組みを意図的に設定し，提供する。アセスメント面接（時に心理検

査の結果も含む）の結果に基づき，目標と方針を立て，面接技法を選択し，これからの共同作業が少しでもスムーズに展開することを念頭に置きながら，面接場面の構造化を行い，契約を結ぶ。つまり，構造化と治療関係（作業同盟）の形成が相互に関連しあいながら進んでいくことになる。この点については狩野らが詳しく論じているが，この場合の構造化の中には，面接室の設定や環境などの物的・空間的構造に加えて，面接の時間や頻度などの時間的構造，禁欲規則や行動化の制限など，治療関係の継続にかかわるような種々の取り決めやルールに基づく枠組みなども含まれる。また，セラピストにおけるいわゆるフロイト的面接態度も治療構造の重要な一要素として機能する。さらには，たとえば家族への対応や医学的管理の必要の有無など，状況に応じて心理療法全体をとりまく治療環境をより治療的なものへと整えていくことも工夫する。このような治療関係をとりまく枠組みをあえて意図的に設定するセラピストの行為自体が，すでに治療構造論的な認識と経験に基づいたかかわりを意味している。

②非意図的に存在する治療構造

　セラピストが必ずしも意識的に設定したわけではないけれども，否応なく引き受けなければならないような治療構造の諸条件もある。たとえば，セラピストが本来なら入院治療が望ましいと判断したとしても，諸事情から外来通院で対応せざるを得ないような場合，またその逆の場合，家族や周囲からの心理療法に対する理解の有無，対応の必要性，主治医や他の関係者たちとの連携のあり様など，セラピストの判断や状況だけでは決定することのできない治療環境の諸要素がある。このようなセラピストの意図を超えたところで存在する治療構造，いわば受身的に受け入れざるを得ないような治療構造の諸条件とどのように向き合い，折り合いをつけていくことができるのか，きわめて難しい判断を迫られることがある。

　そもそも，クライエントとセラピストは，双方ともにいったいどのような状況下で，そこで出会うことになったのか，そこにはどのような必然性があったのか，などということ自体が，すでに二人を取り巻く治療環境の諸条件を構成している側面もある。したがって，そのような出会いを取り

巻く構造も含めたところで，全体的な治療環境自体をまずありのままに認識し，その現実がそれぞれにとってどのような心理的意味合いを持つのか，そこには制約や拘束が働いているのか，影響されているのかどうかなどについて認識し，自覚することによって，そこからなるべくなら自由でいられる空間や関係性が促進されていくことにつながっていく。

③自然発生的に生じる治療構造

　面接の継続に伴い，セラピストが意識的意図的に設定したわけではないけれども，いつの間にかクライエントとセラピストの間には独特の個別的な作法や習慣，コミュニケーションの様式などが，多かれ少なかれ生じてくる。たとえば，挨拶や入退室時のしきたり，連想の仕方，声の音調や言葉の選び方，相槌の在りよう，介入のタイミングなど，実に興味深いいろいろな習慣が生まれていく。それらは，セラピストの意識的な意図を超えたところで自然発生的に生じるものだが，これもまた重要な治療構造の一環となり，機能し，治療関係を動かしていくことになる。そして，このような治療構造の在りようは，非意図的であるがゆえに意識化しにくく，またそれだけに想像以上に治療関係に影響していることが少なくない。したがって，このような治療構造についても可能な限り認識し，必要に応じて話し合うことが，治療関係をより治療的に促進する上でとても大切になる。

　一例として，ある摂食障害の女性クライエントの場合を取り上げてみる。彼女は，過剰適応の傾向が強く，誰に対してもその場かぎりの表面的な迎合で対応し，友好的ではあるが，あくまでも部分的かかわりしかもたないという関係性を維持し，家では激しい過食嘔吐を繰り返し，そのことを悩んでいながらもやめられないでいた。心理療法の進展に伴い，彼女はそのような適応手段に行き詰まりを感じるようになった。本当はこころの中におさまりきらないものや，普段は意識から排除しているさまざまな思いや否定的感情が見えかくれするようになった頃，沈黙がちのセッションで，「今日はなんかやりにくい」と繰り返してから，「先生，今日エレベーター止まってましたよね！」と思いついたように語り，多少の混乱を示した。このことから，彼女が「相談室のある建物の外側を現実世界，面接室

内を内的世界」と象徴的に言語化し，二つの世界を移動し，切り離しておくための一手段としてエレベーターを活用していたことが明らかになっていった。周囲に迎合することに没頭し，一人になれるエレベーター空間でそういう自分を脱ぎ捨て，面接内ではセラピスト向けの一見内省的な態度や語りに没頭し，再び切り替えて外的現実へと出向いていくという際限のない繰り返しについて話し合うことができるようになった。エレベーターは私たちの間で合言葉のように使われることになり，内と外を自由に行き来することの難しさが共有されるようなった。面接室を取り巻くこのような内外の諸条件が，いつの間にかクライエントによって恒常的な治療構造の一環として取り入れられ，体験され，一定の治療的機能を担っているということに思いがけず気づかされることがある。

このように，治療構造は極めて多次元的に心理療法を取り巻き，その過程に影響を与えるが，同時に，治療構造それ自体も治療関係の進展によってなんらかの影響を受けたり，一時的部分的に破綻したり変化することがある。習慣になってしまった事象を意識化するのは難しいことも少なくないが，そのような治療構造のあり様や変化の過程を媒介として，私たちはそこで生じている無意識的な意味や空想，関係性を発見することができる。

III 治療構造の心的機能

①父性的機能と母性的機能

構造化された治療構造は，原則として恒常的に継続され，面接に関する種々のルール（時間を守ること，秘密の保持，休む場合の取り決め，行動化の禁止，など）はクライエントとセラピストの双方に課せられる。この場合のルールは，心理療法をとりまく一つの父性的な秩序構造を形成し，面接室の内側（または内界）と外側（または外界）を区別しながら浮き彫りにする機能をも担っている。したがって，そのルールにそぐわないものは排除されたり，修正を余儀なくさせられたりする。そのような意味での極めて父性的で超自我的な要素が治療構造には多かれ少なかれ含まれている。そして，教科書的に表現すれば，超自我的な要素を含んだ設定下に置

かれた時，超自我と自我の間には葛藤が生じ，不安やフラストレーションが刺激され，それに対する自我の防衛活動や精神病理的現象が賦活されることになり，転移神経症が促進される。また，このようなルールは双方に等しく課せられることも重要である。個人の思惑で何かが動いたり動かなかったりするというわけではなく，ルールが二人の間に介在することによって，一定の心理的な距離が確保され，空間が生まれるという機能もあるのではないかと思う。

　一方，そのような治療構造は，角度を変えて見れば，その超自我性の故に一貫性や恒常性を含む治療構造を提供することにつながり，治療関係を支えることにもつながる。父性的な機能に基づく安定した設定の提供によって，治療構造はそこでの治療関係を育み，保護し，促進する機能，すなわち心理療法全体を抱えるための母性的な機能をも提供することにつながる。クライエントにとっては，面接に行けば，いつでも同じようなやり方や雰囲気の中で話を聞いてもらうことができるという体験をすることで，対象恒常性や新たな対象関係を経験する機会を与えられるし，セラピストの側も，そのような安定した治療構造に支えられて，セラピストとしての一貫した治療態度やかかわりを維持することが可能になる。セラピストは，受身性や中立性を保ちながらも，同時に自由に語り合うことができるような情緒的雰囲気が保たれるように配慮し，よりスムーズで創造的な交流を図り，治療的関係が促進されるように働きかける。そのときのセラピストのあり様は，規則や秩序を優先する父性的なものだけではなく，クライエントに安心感や安全感を与え，受容し，共感するという，極めて母性的なものでもあり，それによって発達促進的な環境が提供されることにもつながっていく。

　このように，治療構造は父性的な機能と母性的な機能の両方をバランスよく兼ね備えたものであることに意味がある。ある意味では，より成熟したこころの構造を象徴的に引き受けている側面があるのではないかと思う。そのような治療構造によって，クライエントもセラピストもともに保護され，育まれ，前進していくことができる。

②治療関係を育む場として

　治療構造は，そこでの転移－逆転移関係を規定する背景としても機能している。たとえば，入院心理療法の方が外来通院による心理療法よりも治療的退行を促進しやすいとか，面接頻度の多い方が転移関係が明らかな形で表われやすいなど，治療構造のあり方自体が治療関係を左右し，心理療法の内容を選択し，転移の現れ方にも影響を与える側面がある。治療構造の設定については椅子の配置や頻度がよく話題になるが，とりあえずここでは頻度について考えてみる。精神分析的心理療法は週1回の頻度で行われることが圧倒的に多いが，ときには隔週や月1回の頻度で行われることもある。いろいろな設定を経験した中で，やはり頻度の多い方が，治療関係が促進されるとともに，その理解はしやすいのではないかと思う。隔週や月1回でももちろんある程度のことはできるだろうが，それはいわばより高度な面接技法を必要とする応用編なのである。継続的に連続性をもって一定の関係性を保証するということに伴う構造的な力は大きい。転移がどのように生じ，現れ，展開していくのかという経験を一度は実感してみることで，転移が俄かには観察しにくい構造設定の中でもある程度の理解が可能になるのではないかと思う。

　また，治療構造における種々の要素は，クライエントの内面世界や空想を象徴的に引き受ける媒体としても機能している。脱毛を主訴に来室した青年期の男性クライエントは，苦しい胸の内を訴えても，根性で乗り切れと励ますばかりの両親に圧迫されて，すっかり縮こまっていた。アセスメント面接における両親との同席面接で，「かつらを取って先生にお見せしなさい」という父親にセラピストが慌てて，「ご本人が見せたいと思う時まで取らない方がいいだろう」と制止するということが起きた。その面接の終了時，クライエントは面接室のエアコンの品番を確認し，「これはいま日本で発売されているものの中で一番性能がいいんだ！」と褒めちぎった。彼がセラピストを信用してみる気になったのは一目瞭然だった。このように，治療構造の各要素がクライエントの前意識的な空想や気持ちの表現を象徴的に引き受け，比喩的に使用される経験は実に多い。それが，関係性の中での言語的なやり取りの巾を広げ，促進する。

同じように，逆転移もまた多かれ少なかれ影響を受ける。たとえば，サイコロジストによる私設相談の設定などでは，暴力や自傷他害傾向の強すぎるクライエントに対しては，セラピストはどうしても自己防衛的になり，不安や警戒心に圧倒されて，文脈が理解できなくなったり，共感不全に陥ることも少なくない。治療関係が安全に進展するためにも，そもそもセラピスト自身がその場に抱えられているという感覚や安全感を持つことができる治療環境が大切である。安全で安定した環境の中でなら引き受けることができるようなことであっても，不安定で安心できない環境の下では危機感や不安ばかりが迫ってきて，クライエントを受け止める余裕や安定感を維持することが困難になりやすい。そのような安定した治療環境を提供するためにも，治療構造の構造化は貢献している。

　また，たとえばチーム治療における他のスタッフとの連携の在り方や普段からの関係性，家族の介入や要望などによっても，いろいろな形で逆転移が左右されることがある。たとえば，チーム治療について言えば，普段から相互の意思疎通が図られ，方針を共有しやすいスタッフとチームを組むときと，なかなかそうはいかないチームとでは，セラピストの安心感や逆転移もさまざまに影響を受けることになる。あるいは，スーパーバイザーの存在なども，セラピストにとっては自分自身が受容され抱えられる体験となり，安心してセラピストとしての機能を発揮できることもあれば，スーパービジョンが超自我的に働いて，葛藤的に体験されることもあるだろう。もちろん，治療構造がすべてを規定する訳ではなく，どのような構造の中においても自由に感じたり考えたりすることのできる柔軟さや創造性が理想的ではあるが，実際には治療構造のあり方によって，治療関係はさまざまに影響を受けることがあるという事実を認めることも大切である。可能な限り，セラピスト自身が安心，安定してそこにいることのできる構造が望ましい。

③転移の媒体として

　治療構造は転移の媒体としても機能する。ある女性クライエントが，母親に対する積年の恨みを語り始めた頃，近くの競技場から流れてくる大歓

声に苛立ち，「よくこんなひどい所で面接してますねぇ」と独り言のように呟いた。それまでにも，この大歓声は時々面接室に侵入しており，セラピストの方はそれが気になってやりにくい思いをしたり，そちらに気を取られてしまうこともあったが，観念的な連想をよどみなく特徴的に語るクライエントはまったく意に介しない様子で，もしかしたら彼女にはこの大歓声が聞こえていないのではないかと思われるほどだった。治療構造の設定を超えて，一方的に侵入してきたものとは言え，面接室の中で今まさにここで起きている現実としての歓声にクライエントが珍しく気を留めてくれたので，セラピストはまずその事実を共有してみることにして，「あなたがお話しをしにくい環境で，私が面接をしているということなんですね」と介入した。それに対してクライエントは苦虫を嚙み潰したような表情で黙っているだけなので，私はその歓声がときどきあったけれども，今日は気になったことを取り上げてみた。すると彼女は，「結局，母とそっくり，必要なものは何もくれないで，自分さえよければいいと思ってるみたいだ！」と憎々しげに吐き出すように即答した。そのとき，それまではあくまでも観念的にしか伝わらなかった彼女の母親に対する恨みの感情が，珍しく実感を伴ってセラピストにも伝わってきたように感じられた。大歓声の一方的侵入という治療構造の一時的な綻びがクライエントの転移感情を刺激し，過去と現在が一瞬重なったように思われた。このように，治療構造を取り巻く物事や出来事に託す形で，それまでは表現できなかった思いや感情が実感され，言語化が促進されるという経験は少なくない。

　治療構造を取り巻く出来事として一般的に起こりがちなのは，部分的であれ一時的であれ，構造の変化や破綻である。前述のように，恒常的で継続的な治療構造は，それ自体がなんらかの意味で心的機能を果たしているが，心理療法の過程ではいつでも予期せぬ何かが生じるものである。たとえ些細なものであっても，一つ一つの出来事に対してクライエントはいろいろ投影する。そこには，思いがけず重要な無意識的意味が込められていることも少なくない。家庭内暴力を訴えて来室したある女性クライエントは，入室の際に必ずノックをして，そのまま入室してもよいと何度も伝えてあるにもかかわらず，セラピストがドアまで迎えに行くまで待ち続けた。

その行動の意味を考えることを通して，母親から関心を向けられ，自分を見つけてくれることを渇望しながら，いつもそのことに絶望し，結局母親を恨み続けた彼女の幼児期体験が話し合われるようになったが，ドアは単なるドアではなく，セラピストとの距離感や関係性そのものを象徴的に引き受けていた。

　このような場合に，治療構造の構造性と意味が際立ち，さらなる媒体として再び治療的に機能し始め，治療構造の諸要素はさらなる投影を引き受けることになる。一つ一つの要素をクライエントがどのように認識し，体験し，扱っているのかについて注意深く観察していると，そこに投影されているクライエントの内面が思いがけず重要な深い意味をもっていることに気づくことがある。そしてそれは，やがて転移の理解にも新しい発見や展開をもたらしていく。あるいは，クライエントの連想が唐突に変わったりして，俄かには理解できなかったりついていけなくなったりするようなとき，最近の流れを振り返ってみると，どちらかのお休みが入ったり，別のクライエントやスタッフとたまたま出会うことがあったり，ちょっとした遅刻があったりという，なんらかの治療構造上の変化に気がつくことがある。

Ⅳ　転移の取り扱いをめぐって

　このような治療構造論的理解に視座を置いてみると，より詳細な転移の理解と取り扱いが可能になる側面がある。心理療法をとりまく現実的側面の一つとしての治療構造と治療関係は，常に重なり合ったり切り離されたりして，相互関連的に展開していく。クライエントが最終的に転移神経症を認識し，そこから解放されていくためには，外的現実と内的現実の双方に同時に出会う瞬間が必要になるのではないかと思う。先に述べた競技場の大歓声に侵入されたクライエントの場合，こころの中で体験しているセラピスト（母親）に対するフラストレーションと怒りが，そう感じても無理もない現実としての大歓声と，それを解決することもできずに黙認している不親切で不適切なセラピストの存在という現実（心的現実でもあり外

的現実でもある）との間に，一定の出会いとつながりが生まれたとき，彼女の内的体験は情緒的な実感を伴う体験としておそらく位置づけられたであろう。その結果，彼女は，不満と怒りに満ちた自己の感情にも出会い，同時にそれを言語化することが可能となり，ひいては自分が感じていたほどには不親切ではなく，むしろ彼女のフラストレーションに共感もしてくれるセラピストに出会うことができたのでないかと思う。聴いているセラピストにも彼女の情緒がありありと伝わってきた。面接室内に侵入してきた大歓声は，「自分の連想を邪魔する歓声と，それを放置するセラピスト」というクライエントの投影を引き受けていたが，その事実は事実としてまず認識し，受け入れ，二人が共有することによって，「必要なものをくれないで……」というクライエントの内的現実の言語化が可能になったと考えられた。

　どちらかの主観や理解が優先したり一方的だったりするのではなく，面接室の中でまさに「今ここで」起きている現実について，クライエントとセラピストがお互いに共有することが，心理療法の展開にとっては極めて重要である。二人を取り巻く現実的な情況を踏まえることが，観念化や抽象化，実感の欠如などを避ける一つの手段にもなる。そして，クライエントとセラピストがもっとも共有しやすい現実的側面として，治療構造が介在する。この意味で，治療構造は内的世界と外的現実を媒介している。この点が，治療構造論的認識を用いることの，心理療法におけるもっとも重要な臨床的意義である。

　また別の例を挙げてみる。ある重症のスキゾイドパーソナリティと思われた女性クライエントは，必ず領収書を要求し，それが習慣となっていたが，あるとき，それが面接室外のゴミ箱に毎回捨てられていくことにセラピストは気がついた。このことから，彼女の依存にまつわる深刻な困難さ，求める気持ちと求めたものには意味がないとする対象関係の病理，領収書が彼女の希求性と依存をかろうじて引き受けていること，などをセラピストは理解することができるようになっていった。そこで，セラピストは，「それでは，領収書を書きますので……」と，領収書という言葉を二人の共有言語にするべく試みた。領収書が象徴的に引き受けている彼女の内的

な幻想に近づくための一つの試みだった。年単位での微細な変化ではあるが，「もちろん」と言わんばかりの反応から「今日はいいです」という反応も見られるようになり，並行して，「この面接って何かの役に立っているんですか？　ただ時間をつぶしているだけのようにしか感じないんですけど……」という，セラピストに向けられた言葉も話されるようになっていった。つまり，最初はあくまでも治療構造の一要素として共有されている何かが，やがてはクライエントの情動や空想，さらには二人の関係性を意味するものへと発展していくというプロセスが，治療構造論的な認識枠に立つことで促進される。

　したがって，それが意図的なものであれ非意図的なものであれ，治療構造にまつわる現実的側面をありのままに認識することのできる姿勢がセラピストには求められる。たとえば，セラピストの都合による構造の変更，遅刻，関心の撤去など，できれば否認しておきたい現実もあるが，その事実を否認したままでは，クライエントの投影や無意識を理解することもできなくなる。

　そういう意味では，解釈を行うセラピストの在りようが，最も重要な治療構造の要素と言える。セラピストが何をどこまで理解し，言語化し，伝えることができるのか。この点こそ，最もインパクトをもってクライエントには受け取られることだろう。現実的常識的な次元でのみ応答するとすれば，クライエントもまたそれに順応することになる。より本質的な何か，ありありとした情動，確かな実感や手応えなどとともに，なにかがとり扱われるとすれば，それに戸惑ったり，自問自答したり，拒否したくなったり，新たな道が開けたり，といういろいろな反応や動きがクライエントの中には芽生えることになる。つまり，セラピストは自分自身の態度やあり方，理解力こそ重要な治療構造の一要素ととらえたところで，その過程を認識し，内的現実に対しても外的現実に対しても，等しく受け止めることのできるバランスのよいセラピストとしての姿勢が，クライエントとの間に「今ここで」の内的外的な共有を可能にし，より深い水準での治療関係を促すことになる。

V おわりに

　一つの構造の設定は，おのずとその内側と外側の世界を作ることになり，構造化によって意味が明らかになるものと，そこから排除されていくものが同時に生じる。クライエントとセラピストが共に作り上げた空間は，そこで特異的に共有される世界を生むと同時に，そこからは俄かには見えにくい世界をも作り出す。神経症的なこころの構造であれば，その境界は概ね保持され，両者を往復することも可能であるが，病態水準の重いクライエントにおいては，一つの構造から排除されるものは排除されたままになり，ある瞬間に迫力をもって唐突に姿を現すこともある。そのような分裂を取り扱うことは極めて難しい。予期せぬ面接の中断や自傷行為，自己破壊的な行動化など，排除されていたものはある日突然姿かたちを表し，セラピストはその時に初めて治療関係の全容を見せつけられることにもなる。この種の経験は，心理療法家であれば誰でも多かれ少なかれ経験している。したがって，構造化によって個性化されるものと，かえって見えなくなるものについて，お互いに認識していくことのできる過程が大切になる。そのためには，あらゆる角度から治療関係を眺めてみることのできる複眼的な視点が求められる。治療構造の内側から見えていること，外側から俯瞰してみたときに見えてくるものなどを満遍なく観察し，はたして今は何が起きているのか，どうなっているのか，どうしてこうなったのか，これからどうなっていくのかを考えなければならない。

　そのような複眼的で柔軟な視点をもつことが，治療関係を理解し，取り扱う上では非常に重要である。外的現実を踏まえることを重視するセラピストは，ややもすると現実的に偏り，内的世界への集中に専念しすぎるセラピストは，意図に反して外的現実を軽んじ，主観的な認知と理解に陥ってしまう。セラピストとしては，内的世界も大切，外的現実も大切という，バランスのとれたあり方が望ましいと思う。治療構造論的認識はその点にも貢献する。どのような治療構造においても，その構造自体の特性，長所と短所，その中でできることとできないことについてまず把握することが，実際の心理療法の導入を考える上では有益である。治療構造が持つさま

まの特徴は，クライエントが精神内界や転移空想を展開し，言語化するための一つの媒介として存在する。クライエントがその構造上の特徴とどのようにかかわるのか，何を投影しているのか，有効に利用しているのかしていのないのか，そもそも構造それ自体を客観的に認識しているのかどうか，などの観察と理解を通して，意識的無意識的なこころの世界をより立体的にとらえ，共有することが可能になるのではないかと思う。

参考文献
岩崎徹也ほか編（1990）治療構造論．岩崎学術出版社．
皆川邦直（2001）治療関係の人間化を可能とする転移概念と現実的関係．精神分析研究 45(3)．
中村留貴子（2001）転移と現実的関係．精神分析研究 45(3)．
小此木啓吾（1981）治療構造と転移．精神分析研究 25(3)．
小此木啓吾（1980）治療構造論の展開とその背景．精神分析研究 34(1)．

精神分析とマネジメント

監修者として

藤山 直樹

I はじめに：精神分析，心理臨床，精神医療

　精神分析的実践（精神分析と精神分析的なセラピー）と心理臨床や精神医療とはどういう関係にあるのだろうか。心理臨床家が出会うクライエント，精神科医が出会う患者を精神分析的実践に導き入れることは，どのようなことであり，どのような場合にどのようにマネージすることで可能になるのだろうか。またすぐにはそこに導き入れないクライエント／患者を当面どうマネージすればよいのだろうか。
　この本の主題は全体的にみればそのような問題である。この問題を私なりに論じてみたい。
　私は精神分析家であり，精神科医である。精神科医として出会った患者を精神分析的実践のなかに導き入れることをもう30年ほどやっている。心理臨床にまつわる資格をもってはいるが，自分を心理臨床家であると自己規定したことは一度もなく，心理臨床家として臨床を営んだことはない。この本の他の著者が心理臨床家であり，想定されている読者も心理臨床家であることを考えると，私の体験にもとづく論述がどのように読者の役に立つのか，ちょっと心配になる気もする。
　だが私は，精神医学と臨床心理学の差異がこの論考にあまり大きな影響を与えるとは思っていない。それは，精神分析にとって臨床心理学も精神医学も同じくらいに遠いものだからである。
　まず前提とすべきことが，精神分析と臨床心理学（心理臨床）と精神医

学（精神医療）はそれぞれ別物であることであるのは言うまでもない。それに携わる人間は違ったエトスをもっているし，実践の目的も実質も方法も違う。精神分析が心理臨床の特殊な方法論の一種であるとか，精神医学のなかの治療法のひとつであるとかいう考えがまったく間違っていることは言うまでもない。だがその上で私が言いたいのは，この3つのディシプリンのなかで類似しているのは，臨床心理学と精神医学であり，精神分析はそのふたつときわめて異なったものだ，ということである。

　その差異の一端をみてみよう。臨床心理学も精神医学も大学というアカデミックな場で学ぶものである。さらに，それらふたつは，根本的には実証主義的な知を内包している。精神医学には生物学の応用科学としての医学の一分科である側面がある。当然実証主義的な認識論が優勢に立つ。臨床心理学も心理学の臨床応用部門である。ブントによって創始された近代心理学が，客観的実証主義的な知を志向していることも言うまでもなく，1930年代にアメリカで始まった臨床心理学も近代心理学の一分野として生まれた。大学で医学を学んで精神科医になれば，医学の伝統に基づいて薬物療法を志向することは当然であろうし，実証主義的伝統の強い心理学者として育った臨床心理学の実践がいわゆる実証的なエビデンスを重視した実践，たとえば認知行動療法を志向することが，世界のトレンドであるのも当然だろう。

　一方，精神分析は大学で学ぶものではない。何年訓練したら精神分析ができるようになるのか，予測はたたない。それどころか，訓練を受けることによって，トレイニーが明瞭に精神分析から距離を取ることが可能になる，といった逆説的事態さえありふれている。精神分析を受けることが訓練の中心である以上，それはきわめてパーソナルなものであり，そこで展開すること，そこから得られることは人によってまったく違うからである。最初から卒業年限が決まっている大学教育とは，まるきり違う。精神分析は主観的なこころのありかたを主観的なこころのはたらきを通じて理解する。そうしたこころとこころとのあいだの交流を通じて，こころの変化をもくろむ。あくまで主観的もしくは間主観的な知と体験が重視されている。したがって，そこに生じることを実証的客観的にとらえることには原理的

な限界がある。主観的な知の集積をもってひとつのディシプリンが構築されている精神分析と実証的な知をよりどころにしている精神医学や臨床心理学とは根本的な差異がある。

　精神分析の実践としての特殊さについては後で述べるが，このこと，つまり精神分析が知の体系としても通常の大学で学べる学問としての臨床心理学，精神医学とは根本的に異なった位置づけをもつものだということを，前提にしなければならないだろう。その特殊さの前では，精神医学と臨床心理学はほとんど双子のように類似している。そしてこの十年，精神医学と臨床心理学が歩調を合わせて，いわゆる「エビデンス・ベースト」，「根拠に基づいた」臨床を志向していることを考えると，精神分析との差異は際立ってきていると考えられる。

II　精神分析と心理臨床は別物である

　日本で精神分析が臨床心理学と近縁，もしくはその一部であるかのような誤解が生じたのは，日本の臨床心理学の成立の歴史の特殊性によるだろう。臨床心理学実践が日本に明瞭に形を現したとき，佐治守夫らロジャース派がシーンをリードした。その後，ユング派の分析家・河合隼雄が強いリーダーシップを発揮した。彼らは，精神分析とは異なるディシプリンに属しているとはいえ，非実証主義的で主観的な知を基礎として臨床をおこない，論を展開していた。いずれにせよ日本の臨床心理学は実証的なものから遠いスタンスを主流とすることになったのである。

　当時，日本の心理臨床家は，大学学部時代は極度に実証的データを重視する正統的な心理学を学び，大学院で臨床心理学の専門家養成コースに入ったとたん，極度に非実証的な知を説かれることになるという，なかなか不思議な体験をしていたようだ。この印象は私の周囲の多くの心理臨床家から聞いた話から感じることなので，それほど間違ってはいないだろう。

　臨床心理学の主流を非実証主義的な知であると考えるそうした風潮のなかで，精神分析は臨床心理学的実践のなかにごく自然に置かれていた。戦後日本の精神分析の第一世代，小此木啓吾や前田重治や土居健郎などが周

辺の心理臨床家を指導して，心理臨床内部における精神分析運動とでもいうべきものが成立していたかにみえる。それはある種の繁栄をもたらしていたようだ。だが私からするとそうした流れは，精神分析がけっして大学アカデミズムと協調的なものではありえず，精神医学や臨床心理学の基本的な傾向とはきわめて違和的なものである，という本質が見失われてしまう危険を生んだかもしれないと考えてもいる。

一方，精神医学においては，1960年代に向精神薬が導入され，私が医者になった1970年代後半からは，生物学的研究が盛んになってきた。1980年には操作的診断基準であるDSM-IIIが公刊されて黒船のように日本の精神医学に押し寄せた。エビデンス・ベーストな精神医学が主張されるようになり，木村敏，安永浩，中井久夫といった精神病理学の大家は徐々に一線を退いていった。精神医学は主観的なこころの体験に深く分け入るというよりも，実証科学としての色彩を強めていった。

だからその時代に，私のように精神科医で精神分析を志向し，精神分析家を目指すような人間は，きわめて主流から外れた変わり者だとみなされてきたし，自分でもそうだと認めないわけにはいかなかった。本来の精神医学の認識論的特性を離れ，主観的なこころで患者の主観的な心的世界に巻き込まれ理解し語る営みとしての精神分析をどうしても選ばざるをえない人間，自分の属する精神科医の社会のなかで特殊な生き方を余儀なくされることを受け入れた人間，医学部のアカデミズムのなかで生きることが困難で学位さえままならない専門性を選び取ってまでも，実証的な知では掬い取れない臨床事実に向き合い続けようとする選択をした人間として，私は生きてきた。精神科医が精神分析をやる，精神分析を人生の中心に据えるということはそういうことであり続けてきたと思う。

それに対し，これまで日本では心理臨床家が精神分析的実践を行うことを選び取るとき，自らのもともとの属する臨床心理学の世界と決定的な違和を体験しないでもすんでいたのではないだろうか。臨床心理学が実証主義的でないディシプリンとして認識されてきた日本ならではのことであろう。だが，この10年間のあいだに日本の臨床心理学は大きく変化しつつあり，それにともなって心理臨床実践も変化している。エビデンス・ベー

ストな心理臨床という主張が明確な声で語られるようになり，心理学本来の実証主義的な傾向が日本の臨床心理学のなかでもう一度よみがえりつつあるのである。

　こうして日本の心理臨床と精神分析的実践とは，いままでのみせかけの融和状態から脱出しつつある。精神科医が精神分析を選び取ることが大きなギャップを飛び越えることであった（今もそうであるが）のと同じような大きな跳躍を，若い心理臨床家たちは強いられているかもしれない。アメリカでそうであるように，もう10年もたたないうちに，日本の臨床心理の大学院の専門家養成コースではほとんど実証主義的なエビデンス・ベーストな実践が教えられるようになることは確実に思える。私からすると，それはまったく自然なことである。

　つまり日本においては，精神分析は精神医学（精神医療）と独立していたほどには臨床心理学（心理臨床）とは独立していなかったが，ようやく現在独立の機運があるのだと考えられる。うまくすると今後は，精神分析的実践はその独立を基礎として，心理臨床と連携していけるはずである。

III 精神分析と心理臨床の連携

　ふたつのディシプリンが連携し，協力して何かをなそうとするなら，そのふたつが十分に独立している必要がある。すなわちその差異をたがいに明瞭に認識しあうところが出発点になるだろう。心理臨床家が精神分析実践を志すとき，彼はその差異の認識を自分のこころのなかで明瞭にもつべきである。自分のなかの心理臨床家である部分と精神分析的実践家である部分との差異に意識的になったうえで，精神分析的実践を目指す必要がある。そのときの跳躍，実証主義的な認識論によらないで臨床事実を組織化していくことにむけて舵を切る決断は，フロイトが神経学者から精神分析家に舵を切ったときの大きな跳躍に相当する。心理臨床家が精神分析的セラピストとしての自分を使ってクライエントと関わるとき，自分が新しい何者かになるのだという意識の必要性を強調し過ぎることはない。

　この本のような本が必要になるのは，このギャップと関係している。

心理臨床や精神医療のクライエント／患者は，自分が精神分析的実践に導き入れられるとき，心理臨床と精神分析的実践，精神医療と精神分析的実践のあいだのギャップを飛び越えねばならない。それはなかなかたいへんなことであり，一筋縄ではいかない。心理臨床や精神医療に期待できるものと精神分析的実践に期待できるものとはまったく質が違うからである。彼らはなんらかのフラストレーションを体験する。それでも彼らがそれをもちこたえ，その隔たりを超えない限り，そこから何かが生まれることはない。この本の主題は，クライエント／患者が大きなギャップを持ちこたえて，精神分析的体験を志向し，それを体験し，維持することに向けて，私たちができること，すべきことを技法論的に明らかにすることなのだろう。この本の著者はそうしたことで日々苦労しながら成果を上げている方々ばかりなので，そうした実践の知恵について有意義な見解を豊富に提示してくださるはずである。

だがその一方で実は，そのことが可能になるために単なる技法論的な配慮や工夫では太刀打ちできない問題がある可能性を押さえておくべきだろう。私が本章で強調したいのはその点である。そのギャップを超えるためのセラピストの内的準備に着目したいのである。

日本の現状では，いきなり精神分析的訓練を受け始めて，クライエント／患者とのはじめての臨床的営みが精神分析的実践であるという人はまずいないだろう。心理臨床家としてあるいは精神科医として臨床実践を始め，そののちに精神分析的実践が自分の視野に入ってくる人が多いだろう。それは，精神分析的実践を始めるにあたって，心理臨床家としての自己，精神科医としての自己をどう位置付けるのか，それを精神分析的な自己とどう関係させるのか，という課題が必然的に生じることを意味する。

IV　精神分析的実践と心理臨床・精神医療の差異

そうしたセラピストの課題を考えるとき，精神分析がどのように心理臨床や精神医療と異なった営みなのかを明確にする必要がある。精神分析と臨床心理学や精神医学とが相当に大きな違いがあることを，実証主義や大

学アカデミズムとの関係ですでに述べた。ここでさらに，実践の面で精神分析がそれらとどう違うのか，そしてセラピストに要請される自己のありようがどう異なっているのか，という，より本質的な問題を検討してみよう。

　精神分析が単なる「治療」ではないことにフロイトも気づいていた。彼は精神分析で患者の病が改善されるのはあくまで「結果にすぎない」ことを語り，精神分析は患者の神経症的な不幸を人間的な普通の不幸に変えるにすぎないものだ，とも言った。そして彼自身が，他者のためになろうと考えてこの職業を選んだのではない，と臆面もなく語り，「私はそういうことを考えるほどサディスティックではない」と意味深長に付け加えている。医療がヒポクラテス以来，患者に添い，患者を癒すことを明確に志向してきたことと，これは矛盾しているようにみえる。医者のエトスと精神分析家のエトスが根本的に違うことにフロイトは自覚的だった。

　私が精神分析的な方向で訓練を始めたとき，先達から口を酸っぱく言われたのは，「患者を治そうと思うな」「患者といい関係をもとうと思うな」「患者のことをわかろうと思うな」ということであった。これはフロイトが「単に聴きなさい simply listen」「平等に漂う注意を維持しなさい」「（治療的情熱を捨てて）手術中の外科医のように情緒的に冷たくあれ」と言ったこと，ビオンが「欲望なく no desire」あれ，患者を理解したり治癒したりしたいと思ってはならない，と言ったことにつながっている。

　私は心理臨床家ではなく医者なので，心理臨床家のエトスが本来どのようなものなのか，実感的には知らない。しかし，おそらく，クライエントの症状，困難，問題を除去すること，彼らを慰め勇気づけること，よい関係をもって彼らを支えることといったことを目指して仕事をするべきだという前提はある気がする。こうした構えとフロイトが書いたものから伝わってくることとのあいだには，確実に温度差がある。精神医療のみならず，心理臨床にとっても，精神分析を行うことに要請されるエトスはきわめて違和的なものなのである。

　これはフロイト，ひいては精神分析が非情である，ということなのだろうか。おそらく，私の考えではそうではない。それはフロイトが精神分析

のもつ本質に開かれていたことを物語っているように思う。というよりも，精神分析という営みのなかにいるときの人間のこころの発揮しうる能力の限界に，彼は気づいていたと言ってもよいかもしれない。「精神分析で起きることは後にならないとわからない」「もっともうまくいくケースは，分析家が驚き，気が付いたらよくなっていたというようなケースだ」「いくらケースについて書き記しても，それは見かけ上真実であるだけで，分析のセッションのなかにいる代わりにはけっしてならない」。このようなことを書くフロイトは，分析家が分析セッションのなかにいるときに，そこで起きていることの全体を知ることが絶対に不可能であることに気付いていた。

　実証科学的な認識論は客観的観察が可能な主体を想定している。心理療法という，関与しながらもしくは関与されながらの観察を余儀なくされる営みのなかで，客観性ということがありうるのか，という問題は，必ずしも精神分析にかぎったことではない原理的な問いである。フロイトは，観察者／セラピストの側の事実認識の歪曲という現象を「逆転移」として検討に付したのだが，そうした歪曲を基本的には観察者／セラピストの個人的病理に帰属させた。つまり，1910年代の技法論文で逆転移を議論しているときのフロイトは，無意識を「純化」したならば，観察者／セラピストの盲点は克服され，現実が正確に認識されるはずだと考えていたようにもみえる。にもかかわらず，彼は同時期に，そこで起きていることは「後にならないとわからない」という認識ももっていたし，セラピストの無意識によって患者を理解する，というモデルも提起している。創始者フロイトは揺れ動いていた。

　ともあれ，主体が意図的には触れることのできない無意識というものを認識の道具として想定する以上，精神分析的な実践においては，そこにほんとうに動いているものをセラピストは知らない，ということになる。無意識的思考を思考以外の心的体験，情緒や身体感覚や衝動の形で間接的媒介的に受け取ることを前提としなければならなくなる。少なくともフロイトは，精神分析を部分的にはふたりの主体にとって原理的に知りえない営みとして描き出しているのである。

このスタンスにおいては，治療目標を立ててその実現に向けて患者を変化させよう，とか，患者のこころを意識的に理解しよう，とかいうセラピストの欲望が満たされることはない。ものごとはセラピストの意図を超えて自生的に展開する。セラピストは精神分析的過程に自らをゆだねるということ以外，何もできない。つまり，その場で起きていることに十分に開かれ，さまざまな心的な動きを体験し，それがどのような情緒的できごとであるのかということから，患者の内面についてのなんらかの思考を紡いでそれを適切と考えるときに語る，という行為に自分を制限すること，そうした「精神分析的なセラピストとしての役割」のなかで生きることに自分を絞り込むのである。その結果に欲望を持ったり，その営みの到達目標を持ったりすることは，おそらく原理的に精神分析的なセラピストの役割を超えてしまい，その場を精神分析的な場でなくしてしまうだろう。

　心理臨床のなかで出会ったクライエントに対して，精神分析的セラピストとしてふるまいはじめることには，たいへん大きなギャップがある。それまでのクライエントとの関わり方とはまったく違った関わり方を開始しなければならないからである。そしてそのギャップに見合って，クライエントも大変大きなギャップを体験せざるをえない。セラピストはそのギャップをクライエントが超えていくまで事態をもちこたえ，そのギャップという事態に対してもまた「分析的」な態度を維持しなければならない。このことは口で言うほどたやすくはない。

　おそらく，クライエントは強いフラストレーションを分析的営みの始まりにおいて体験するだろう。即時的な慰めや助言や励ましや保証が与えられないという事態のなかで，分析的体験という新しいできごとに直面することになる。彼らの欲しいと感じるものを与えず，セラピストはそこをもちこたえねばならない。この困難な仕事をどうやり通すのかということがこの本の主題なのである。

V　精神分析的自己ということ

　だが，そうした困難をもちこたえる以前に，私たちにはそのクライエン

トがそこをもちこたえられるのかを判断するという仕事が課せられている。そのクライエントに，フラストレーションや苦痛をもちこたえてでも自分の何かが本質的に変わろうとする動機づけが本当にあるのか，実際にもちこたえられそうなのか，判断しなければならない。このあたりは，分析可能性とかアセスメント面接とかといったタイトルで長く論じられてきた。こうしたことについての技法的な問題について，私が強調したいのは一点である。クライエントが話すことよりもいまここでの相互作用，とりわけセラピストの介入に対する反応こそがもっとも重要な情報だと私は思う。それを強調しておいて，あとのさまざまな技法的な議論は他の執筆者に任せることにする。私が強調したいことは，技法的な問題よりもより本質的なことである。

　その判断は，結局セラピストが精神分析的実践のなかで起きることを実感的に知っていることを基礎にしているのではないだろうか。

　そして，いくらこのクライエントには精神分析的実践が向いていると判断してことが始まっても，今までの心理臨床のスタンスから精神分析のスタンスにセラピストが変われば，クライエントはギャップを体験し，その結果セラピストにはさまざまな心的な圧力がかかってくる。そのとき，セラピストはある種の緊張や苦痛にもちこたえることを余儀なくされる。

　このような状況では，精神分析的実践のもつ独特の圧力と緊張がたどり着くところがどのような場所であるのか，そこを超えて何が得られるのか，何らかの希望をセラピストはもっている必要があるのではないだろうか。

　こうした問いに対する答えのひとつとして，精神分析の訓練においてセラピストが精神分析を受けることが強調されたとも言えるだろう。精神分析的なできごと，体験，関係性が，心理臨床や精神医療，そして日常の生活において生じることと本質的に違っていること，その差異から生じる圧力をもちこたえることが精神分析の生産的な側面を生み出す根拠にあることを身をもって知っていることが，セラピストにとって必要なのである。

　そうしたことを知り，精神分析的状況を希望をもってもちこたえうる自己，精神分析的な自己がセラピストのなかに存在することはとても重要なことだと思う。それは逆説的であるが精神分析的実践に進む場合だけでな

く，精神分析的実践を供給せず，通常の心理臨床のなかにクライエントをとどめる場合にも重要である。そこで起きていることを精神分析的実践に近づかせないためにどうすればいいのかは，精神分析的実践のなかで何が起きるのか，何が精神分析的なできごとを生み出す力になるのかを実感的に知っていないとわからない。たとえば，意味もなく自由連想的にクライエントに話すことを許容することは，精神分析的実践に進まない場合にはためにならない。自由連想的設定がどれほど精神分析的できごとの出現に力をもっているかを知っていれば，精神分析的実践に進まないときにはそのような設定をクライエントに与えないことはたやすい。不用意に自由連想的設定を与えられて，精神分析的実践でない通常の心理臨床のなかに不必要な退行や困難な転移状況を出現させていることを，私はよく見聞きしてきた。

　このように，この本の主題になる臨床的課題を遂行するときには，精神分析的実践に導入するときもしないときも，セラピストの精神分析的自己の内在化ということが最も本質的な事柄だと私は考える。

VI 精神分析自己の内在化に向けて

　とすれば，精神分析的自己をどうしたら内在化できるのか，という問いが生まれるのは当然のなりゆきであろう。
　おそらく精神分析的自己が内在化するためにもっとも効率的でリスクが少ない方法が，被分析者として精神分析を受けることであることは正しいだろう。しかし，それが絶対に必要なのか，というと，そうでもないかもしれないと思う。精神分析や精神分析的セラピーをセラピストして実践するなかで，たしかな分析的自己を形作ってこられたように思われる先達や同僚は，たしかに存在するように思う。もちろん，そのときもたとえばスーパービジョンのような他者との交わりは絶対に必要だろう。まれには，フロイトのように実人生のなかで精神分析的自己を内在化するような体験をもてる幸運に恵まれる人もいるだろう。それは幸運というより，そうした体験を味わい，考え，内省するもともとの能力にも依存しているだろう

が。

　強い他者との情動的交わりを体験し，もちこたえ，そこから考えることができる自分を回復する。そうした体験によって，精神分析的な自己は成立する可能性がある。おそらくそうした体験は必要条件であり，それが個人分析，個人セラピーのなかで体験されるのか，自分の臨床体験のなかで体験されるのか，実人生で体験されるのか，いろいろなのだろう。

　だが，やはり個人分析，個人セラピーが最も安全で効率的であることは強調されていいと思う。個人分析や個人セラピーをセラピストが受けることについて，日本の精神分析コミュニティは長く話題にしてこなかった時代がある。それは，実際にそうしたことを担える分析家，セラピストが少な過ぎることが現実としてあるなかで，個人分析，個人セラピーが必要だと考えることは，多くの現実的にそこにたどり着けない人たちの不満や羨望をかきたて，そこにたどり着いた人も迫害的不安を感じるということがあったのだと思う。すこしずつ治療を供給できるセラピストは増えているから，今後は徐々に精神分析やセラピーを受けるセラピストは増えていくだろうし，都市部では現実に増えているように思う。

Ⅶ　おわりに：理不尽を超えて

　結局，この本の主題となる臨床的課題が適切にこなせるには，適切な精神分析的自己の内在化こそが必要だということを私は語った。つまり，分析的な自己の内在化された，分析的訓練の行き届いた分析的セラピスト，精神分析というものがどんなものかが身に沁みているセラピストであれば，この課題は自然にこなせるのだと私は思う。つまり，精神分析的訓練がだいじなのだということである。

　ただ，訓練にはかなりの時間がかかるのが現実である。そしてその期間，まさにその分析的自己を作り，訓練される途上において自分がケースを扱うこと，ケースを選び出して分析的設定に導入することを，精神分析的実践に志す治療者は何度も経験しなければならない。ここに大きな理不尽がある。分析的自己が内在化され，精神分析とは何かが身をもってわかって

いない状態においては，ケースを選択し分析的設定に導入することは原理的には不可能であるのに，それをしないことには話が始まらない，という理不尽である。

　私はすべての技芸の修練にはこのような理不尽を超える局面が必要なのではないか，と考えている。理不尽をもちこたえ，超えていくことは苦しいことである。

　その期間の発展途上のセラピストを支えるものとして，この本で論じられているような技法的な議論の重要性はけっして低いものではない。分析的実践家を目指すキャリアの初期の困難さに挫折せずに，なんとか分析的なケースを分析的に進め，そうでないケースもまたうまくこなすことの助けになるはずだからである。こうして臨床実践を積みながら，訓練も受けていく。そういうことが進んで行って，自らのセラピストとしてのスタンス，精神分析との関わり方を選び取っていくことに，この本が貢献してくれればいいと思う。

おわりに

　この本で伝えたいことは，時代や社会の変遷に関係なく信頼される心理士であり続けるのに必要なことは何か，です。

　1つは，一貫した志向性と考えを持つことです。なぜなら今も昔も人がこころの中で体験すること，こころの動きの本質的なありようは変わらないからです。事例編で示したように，この本の中で私たちは一貫して精神分析の理論に基盤を置いてさまざまな事象を考えていく姿勢を維持しています。2つ目は，そこから自分なりの応用性を身につけることです。本書では4つの職場を取り上げましたが，心理士の職域は多岐にわたります。そうした多様な臨床現場でいかにそれを応用していくのか考える実践の姿勢です。

　ところで，精神分析には①治療法・面接法としての精神分析，②精神分析の実践によって紡ぎだされ蓄積された学問体系・理論，③それらの体系による人間理解の仕方とそれを活かした精神分析的臨床，この3つがあると言えます。先に述べた応用性というのは，この③にあたりますが，これらを訓練する場や記した書は思いの他少ないという現状がありました。

　そこで私たちは，「はじめに」で少し触れたように精神分析的臨床のためのトレーニンググループを立ち上げたのです。参加者の職場は多種多様で，かつ精神分析の考えに興味はあっても自身の日々の臨床にはなかなか結びつかないと感じている人たちが多いことを実感しました。実際，クライエントや職場から心理士に向けられるニーズの多くは，なるべく早く不安や心的痛み，やっかいな問題を取り除いてほしい，そのやり方を具体的に教えてほしいといったものでしょう。

　おそらく読者の中にも，精神分析は旧態然とした時代にそぐわないもの，

型にはまって応用性がない，即効性がない，だから現場で役立たないといったイメージを持っている方もいたでしょう。また，精神分析や精神分析的心理療法のように時間をかけ，安定した空間を提供し続ける関わりが可能となる場所や時間，機会がない職場で働いているひとも多いでしょう。本書は，そうした精神分析に対するイメージと臨床現場のギャップをつなぎ，トレーニンググループにおいて参加者に実感してもらえるよう目指したこと，つまり理論を基盤としながら同時に自らのこころを使って考えるという実践感覚を，より多くのひとたちに伝えたいとの思いから生まれました。

　どのような職域においても，そこで生じた事象を自分なりに考えて理解すること，そして，見えなかった人間関係や人間のこころを可視化（アセスメント）し，見えるようになった問題をクライエント・家族・スタッフと共有し必要なことを取り扱っていくこと（マネジメント）は，心理士として日々働いていくうえで必要とされる機能や能力です。このプロセスにおいて，精神分析の体系は枯渇することのない泉のように何かしら考えや体験を促進してくれる奥行きと深さを湛えていると思います。これは，近年の心理臨床において潮流の1つである実証・効率主義的なエビデンスベースドの考え方や姿勢とは大きく異なるところです。私たちは，臨床家が向き合うのは単なる事象ではなく，パーソナルなこころだと考えているのです。

　この本を読んで，日々の臨床に向き合う際の認識が変化し，精神分析的臨床を実践してみようという気持ちになって頂けたならば幸いです。そして多くの仕事がそうであるように臨床家も一生トレーニングが必要ですが，精神分析的臨床は個人心理療法によってその力が培われていきます。この本がきっかけとなって，さらに個人心理療法に関心を持たれることがあれば喜ばしく思います。

　最後に，この本のためにコラムをご執筆して下さった先生方に心より感謝し，御礼申し上げます。そして，共に学び合い，この本のアイディアを育んでくれた，グループ参加メンバーやヴァイジー諸氏にも深く感謝いた

します。
　本書の企画・出版のために忍耐強くご尽力いただきました岩崎学術出版社の長谷川純氏に心より感謝いたします。

　2014年　夏
　　　　　　　　　湊真季子・岩倉拓・小尻与志乃・菊池恭子

監修者略歴

藤山直樹（ふじやま　なおき）
1953年　福岡県に生れる。幼少期を山口県の瀬戸内海岸で育つ。
1978年　東京大学医学部卒業
　　　　その後，帝京大学医学部助手，東京大学保健センター講師，
　　　　日本女子大学人間社会学部教授を経て
現　在　上智大学総合人間科学部心理学科教授
　　　　東京神宮前にて個人開業。
　　　　国際精神分析学会（IPA）訓練精神分析家，日本精神分析協会運営委員
　　　　日本精神分析学会運営委員
専　攻　精神分析
著訳書　精神分析という営み（岩崎学術出版社），心のゆとりを考える（日本放送出版協会），転移・逆転移（共著，人文書院），「甘え」について考える（共編著，星和書店），オグデン＝こころのマトリックス（訳，岩崎学術出版社），サンドラー＝患者と分析者［第2版］（共訳，誠信書房），現代フロイト読本1・2（共編著，みすず書房），集中講義・精神分析 上・下，続・精神分析という営み，精神分析という語らい（以上 岩崎学術出版社），落語の国の精神分析（みすず書房）他
URL: http://www.fujiyamanaoki.com/

中村留貴子（なかむら　るきこ）
1948年　茨城県に生まれる。幼少期は主に愛知県で育つ。
1972年　日本大学文理学部心理学科卒業
　　　　山梨日下部病院，慶應義塾大学医学部精神神経科教室，千駄ヶ谷心理センターを経て
現　在　東京国際大学人間社会学部教授
　　　　日本精神分析学会認定心理療法士スーパーバイザー，日本精神分析学会運営委員
専　攻　臨床心理学，精神分析学
業　績　摂食障害の治療（『今日の心身症治療』金剛出版），母娘関係の展開（『精神分析研究』36巻1号），ハルトマンの時代とその自我心理学へ（『自我心理学の新展開』ぎょうせい）他

著者略歴

湊真季子（みなと　まきこ）
日本女子大学大学院博士課程前期修了。臨床心理士。精神分析学会認定心理療法士。学生相談，教育相談所，精神科クリニック，スクールカウンセラーなど経て，現在は西新宿臨床心理オフィスにて個人心理療法を行う。
著訳書　ウィニコット著作集4 子どもを考える（共訳,岩崎学術出版社）,現代精神医学事典（分担執筆，弘文堂）

岩倉　拓（いわくら　たく）
横浜国立大大学院教育学研究科修士課程修了。臨床心理士。精神分析学会認定心理療法士。電話相談員，精神神経科クリニック，スクールカウンセラー，大学病院心理士，保健所・乳児院コンサルタント等を経て，現在あざみ野心理オフィス主宰。
著　書　スタートライン臨床心理学（分担執筆，弘文堂），パーソナリティ障害の精神分析的アプローチ（分担執筆，金剛出版），子どものこころの理解と援助──集団力動の視点から（分担執筆，日本評論社），心理臨床家の成長（分担執筆，金剛出版）

小尻与志乃（こじり　よしの）
上智大学大学院博士後期課程満期退学。臨床心理士。精神科病院，クリニックなど医療領域での臨床経験を経て，現在は，産業領域や開業領域で臨床を行う。西新宿臨床心理オフィス所長。
著訳書　ウィニコット著作集4 子どもを考える（共訳，岩崎学術出版社）

菊池恭子（きくち　きょうこ）
1999年，東洋英和女学院大学大学院課程修了。臨床心理士。精神科クリニック，中学校スクールカウンセラー，大学学生相談室，産業領域などでの臨床を経て，現在は主に西新宿臨床心理オフィスにて個人心理療法を行う。

西新宿臨床心理オフィス
http://nishirinoffice.sakura.ne.jp/
あざみ野心理オフィス
http://www.azaminoshinri.net/

コラム執筆者（執筆順）

狩野力八郎（かの　りきはちろう）　小寺記念精神分析研究財団
成田善弘（なりた　よしひろ）　成田心理療法研究室
平井正三（ひらい　しょうぞう）　御池心理療法センター
松木邦裕（まつき　くにひろ）　京都大学大学院教育学研究科教授
乾　吉佑（いぬい　よしすけ）　多摩心理臨床研究室／専修大学名誉教授

事例で学ぶアセスメントとマネジメント
―こころを考える臨床実践―
ISBN978-4-7533-1075-3

監修者

藤山　直樹

中村留貴子

2014年8月24日　第1刷発行
2022年5月14日　第4刷発行

印刷　(株)新協　／　製本　(株)若林製本

発行所　(株)岩崎学術出版社　〒101-0062　東京都千代田区神田駿河台3-6-1
発行者　杉田　啓三
電話 03(5577)6817　FAX 03(5577)6837
©2014　岩崎学術出版社
乱丁・落丁本はおとりかえいたします　検印省略

集中講義・精神分析（上）——精神分析とは何か／フロイトの仕事
藤山直樹著
気鋭の分析家が精神分析の本質をダイレクトに伝える　　　　本体2700円

集中講義・精神分析（下）——フロイト以後
藤山直樹著
精神分析という知の対話的発展を語り下ろす待望の下巻　　　　本体2700円

精神分析という語らい
藤山直樹著
精神分析家であるとはどういうことか　　　　本体3300円

精神分析という営み——生きた空間をもとめて
藤山直樹著
症例を前面に「分析」をともに考え，ともに理解する営み　　　　本体3800円

精神力動的精神療法——基本テキスト［DVD付き］
G・O・ギャバード著　狩野力八郎監訳　池田暁史訳
米国精神分析の第一人者による実践的テキスト　　　　本体5000円

精神分析の学びと深まり——内省と観察が支える心理臨床
平井正三著
日々の臨床を支える精神分析の「実質」とは　　　　本体3100円

臨床現場に生かすクライン派精神分析——精神分析における洞察と関係性
I・S・ウィッテンバーグ著　平井正三監訳
臨床現場に生きる実践家のために　　　　本体2800円

精神分析体験：ビオンの宇宙——対象関係論を学ぶ 立志編
松木邦裕著
構想十余年を経て，待望の書き下ろし　　　　本体3000円

初回面接入門——心理力動フォーミュレーション
妙木浩之著
心理療法の場でのよりよい出会いのために　　　　本体2500円

この本体価格に消費税が加算されます。定価は変わることがあります。